高僧傳

七佛譯經師

鳩摩羅什

編撰——賴志銘

【編撰者簡介】

賴志銘

政治大學哲學系畢、國立中央大學哲學博士，主要研究領域為大乘佛學及莊子哲學，亦喜涉獵文化研究及科普雜學，頗有學海無涯、窮究無盡之慨。

參酌歷代高僧大德之慧見與體悟，深覺佛法不僅是啟發眾生思惟「諸法實相」、生起大慈悲心的「哲學」指南，亦是指導吾人觀照身心、「認識自己」的生命「科學」，不受信仰限制，任何人皆可受用。

目前的工作為：慈濟傳播人文志業基金會出版部編輯、文字工作者。

【「高僧傳」系列編輯序】

令眾生生歡喜者，則令一切如來歡喜

「為佛教，為眾生」六個字，乃是印順法師於臺北市龍江街慧日講堂（後因大門遷移，地址遷至朱崙街）為證嚴法師授予三皈依、並賜法名時的殷殷叮囑：「既然出家了，你要時時刻刻為佛教、為眾生。」

依證嚴法師解釋：「為佛教」是內修清淨行，「為眾生」則要挑起如來家業，走入人群救度眾生。因此法師稟承師訓，一心一志「為佛教還原教義，為眾生點亮心燈」，而開展慈濟眾生的志業。

歷代高僧之「為佛教、為眾生」

證嚴法師開創「靜思法脈，慈濟宗門」，並將其與「為佛教，為眾生」合釋：「靜思法脈」乃「為佛教」，是智慧；「慈濟宗門」即「為眾生」，是大愛。

進而言之，「靜思法脈，慈濟宗門」即菩薩道所強調的「悲智雙運」：「靜思法脈」是「智」，「慈濟宗門」是「悲」；傳承法脈、弘揚宗門就要「悲智雙運」，積極在人間發揮慈、悲、喜、捨四無量心。此亦即慈濟人開展四大志業、八大法印時的根本心要。

由其強調「悲智雙運」可知，「靜思法脈，慈濟宗門」並非標新立異，而是傳承佛陀教法以及漢傳佛教歷代高僧的教誨——包括身教與言教，並要求身心皆徹底踐履。為了讓世人明瞭慈濟宗門之初心與悲願，也讓這些歷代高僧的事蹟與精神更廣為人知，大愛電視臺秉持證嚴法師的信念，於二〇〇三年起陸續製作《鑑真大和尚》與《印順導師傳》動畫電影，將佛教史上高僧大德的動人故事，經由動畫電影的形式，傳遞到全世界。

因為電影的成功，大愛電視臺進一步籌畫更詳盡的電視版〈高僧傳〉——採取臺灣民眾雅俗共賞的歌仔戲形式。〈高僧傳〉的每一部劇本都是經過數個月的資料研讀與整理，縝密思考後才下筆，句句考證、字字斟酌。製作團隊感受到每一位大師皆以身作則、行菩薩道的特質，希望將每位高僧的大願與大行傳遍世界。

然而，不論是動畫或戲劇，恐難完整呈現《高僧傳》中所載之生命歷程，以及諸位高僧與祖師之思想以及對後世之貢獻。因此，慈濟人文志業中心便就〈高僧傳〉歌仔戲所演繹過的高僧，以《高僧傳》及《續高僧傳》之原著為基礎，亦含括了日、韓等國之佛教史上的知名高僧，參酌相關之史著及評論，不採取坊間已有之小說體形式，而是嚴謹地參照人物評傳的現代寫法，對其事蹟有所探討與省思，並將其社會背景、思想及影響皆納入，雜揉編撰，內容包括高僧的生平、傳承及主要思想或重要經典簡介。從中，我們不僅可以讀到歷代高僧的智慧與悲心，亦可一覽相關的佛教史地、典籍與思想。

在編輯過程中，我們可以看到歷代高僧之「為佛教，為眾生」：鳩摩羅什飽受戰亂、顛沛流離，仍戮力譯經，得令後人傳誦不絕，乃是為利益眾生；玄奘歷萬里之險取得梵本佛經、致力翻譯，其苦心孤詣，是為利益眾生；鑑真六次渡海欲至東瀛傳戒，眼盲亦不悔，是為利益眾生；六祖惠能隱居十五載以避害身之禍，只為弘揚如來心法，並言「佛法在世間，不離世間覺；離世求菩提，猶如覓兔角」，亦是為利益眾生……

這些高僧祖師大可獨善其身、如法修行以得解脫，為何要為法忘身、受諸逆境而不退？究其根本，他們不只是為了參究佛法，而是深知弘揚大乘佛法的目的乃在於大慈大悲地度化眾生、讓眾生能得安樂；若不能讓眾生同霑法益，求法何用？如《大智度論．卷二七》所云：

一切諸佛法中，慈悲為大；若無大慈大悲，便早入涅槃。

由此可知，就大乘精神而言，「為佛教」即應「為眾生」，實為一體之兩面。

「大悲」為「諸佛之祖母」

除了歷代高僧之示現，「為眾生」之菩薩道的實踐，於經教中更是多不勝數、歷歷可證。例如，《無量義經．德行品第一》便說明了菩薩作為眾生之大導師、大船師、大醫王之無量大悲：

無量大悲救苦眾生，是諸眾生真善知識，是諸眾生大良福田，是諸眾生不請之師，是諸眾生安隱樂處、救處、護處、大依止處。處處為眾作大導師，能為生盲而作眼目，聾劓啞者作耳鼻舌；諸根毀缺能令具足，顛狂荒亂作大正念。船師、大船師運載群生渡生死河，置涅槃岸；醫王、大醫王，分別病相曉了藥性，隨病授藥令眾樂服；調御、大調御，無諸放逸行，猶如象馬師，能調無不調；師子勇猛，威伏眾獸，難可沮壞。

如來於《法華經．觀世音菩薩普門品》中宣說，觀世音菩薩更以三十三種應化身度化眾生：

> 佛告無盡意菩薩：善男子，若有國土眾生，應以佛身得度者，觀世音菩薩即現佛身而為說法；應以辟支佛身得度者，即現辟支佛身而為說法；應以聲聞身得度者，即現聲聞身而為說法；應以梵王身得度者，即現梵王身而為說法；應以帝釋身得度者，即現帝釋身而為說法……應以天龍、夜叉、乾闥婆、阿修羅、迦樓羅、緊那羅、摩侯羅伽、人非人等身得度者，即皆現之而為說法；應以執金剛神得度者，即現執金剛神而為說法。無盡意，是觀世音菩薩成就如是功德，以種種形遊諸國土，度脫眾生，是故汝等應當一心供養觀世音菩薩。是觀世音菩薩摩訶薩，於怖畏急難之中能施無畏，是故此娑婆世界皆號之為施無畏者。

為何觀世音菩薩要聞聲救苦？因為菩薩總是「人傷我痛、人苦我悲」，恆以「利他」為念。如《大丈夫論》所云：

> 菩薩見他苦時，即是菩薩極苦；見他樂時，即是菩薩大樂。以是故，菩薩恆為利他。

正是因為這般順隨眾生、「以種種形」而令其無畏的無量悲心，讓觀世音菩薩受到漢傳佛教乃至於華人民間信仰的共同崇敬。慈濟人之所以超越貧富、超越國界、超越宗教地去關懷與膚慰需要幫助的生命，便是效法觀世音菩薩無量悲心、無量應化的精神。

在《法華經．普賢菩薩勸發品》中發願、將於佛滅後守護及教導受持《法華經》之眾生的普賢菩薩，於《華嚴經．普賢行願品》中則教導善財童子如何供養諸佛，亦揭示了如來、菩薩、眾生的關係：

於諸病苦，為作良醫；於失道者，示其正路；於闇夜中，為作光明；於貧窮者，令得伏藏。菩薩如是平等饒益一切眾生。何以故？菩薩若能隨順眾生，則為隨順供養諸佛；若於眾生，尊重承事，則為尊重承事如來；若令眾生生歡喜者，則令一切如來歡喜。何以故？諸佛如來，以大悲心而為體故。因於眾生，而起大悲；因於大悲，生菩提心；因菩提心，成等正覺。……若諸菩薩，以大悲水饒益眾生，則能成就阿耨多羅三藐三菩提故。是故菩提，屬於眾生；若無眾生，一切菩薩終不能成無上正覺。善男子，汝於此義，應如是解。以於眾生心平等故，則能成就圓滿大悲；以大悲心隨眾生故，則能成就供養如來。

《大智度論．卷二〇》亦云，佛陀強調，大悲心乃是諸佛菩薩之根本，具大悲心方能得般若智慧，亦方能成佛：

大悲，是一切諸佛、菩薩功德之根本，是般若波羅蜜之母，諸佛之祖母。菩薩以大悲心，故得般若波羅蜜；得般若波羅蜜，故得作佛。

「菩薩若能隨順眾生，則為隨順供養諸佛；若於眾生，尊重承事，則為尊重承事如來；若令眾生生歡喜者，則令一切如來歡喜。」閱及此段，不禁令人深深體會證嚴法師之智慧與悲心：慈濟宗門四大、八印之聞聲救苦、無量應化地「為眾生」，也是同時「為佛教」地供養諸佛、令一切如來歡喜啊！

歷代高僧雖未如慈濟宗門般推動慈善、醫療、乃至於環保、國際賑災等志業，乃因其時空因素，欲度化眾生先以弘揚大乘經教與法義為重；現今經教已備，所須的乃是效法菩薩道之力行實踐！慈濟宗門便是上承歷代高僧與經論之教法，推動四大、八印，行菩薩道饒益眾生，以此供養如來。

換言之，歷代高僧之風範、智慧及悲願，為佛教，也為眾生，此即諸佛菩薩之本懷，亦為慈濟宗門之本懷！這便是《高僧傳》系列叢書所欲彰顯者。

遙企歷代高僧儼然身影，我們可以肯定：為眾生，便是為佛教；為佛教，一定要為眾生！

【編撰者序】

「書紅人不紅」的譯經大師

「鳩摩羅什」？是什麼啊？是人名嗎？好怪的名字？是外國人嗎？他是誰啊？

好吧，沒聽過「鳩摩羅什」，「阿彌陀佛」及「觀世音菩薩」總該聽過吧？

深入人心的佛菩薩

在印度大乘佛教傳入中國、影響了漢文化並成為某種主流信仰之後，曾有古德形容，中國民間是「家家觀世音、戶戶阿彌陀」；也就是說，許多百姓都念著阿彌陀佛及觀世音菩薩的名號。

簡單地說，讓這兩位佛菩薩深入中華文化並被華人所熟知的，就是鳩摩羅什！

「阿彌陀」（amita）三字意為「無量光、無量壽」；阿彌陀佛以其願力，打造「西方極樂世界」；相對於我們所處的這個「娑婆（堪忍）世間」，阿彌陀佛打造的是一方「淨土」，接引一心向佛的人們往生後來到清淨無惱、充滿法喜的淨土繼續修行成佛。如何前往？人們只要專心稱念「阿彌陀佛」，便能往生西方極樂淨土：

執持名號，若一日、若二日、若三日、若四日、若五日、若六日、若七日，一心不亂，其人臨命終時，阿彌陀佛與諸聖眾，現在其前；是人終時，心不顛倒，即得往生阿彌陀佛極樂國土。

至於觀世音菩薩，通常前面還會加上「大慈大悲、救苦救難」；因為，觀世音菩薩「聞聲救苦」，只要「一心稱名」，受苦眾生就能因此得到觀世音以各種應化身「解救」：

若有無量百千萬億眾生受諸苦惱，聞是觀世音菩薩，一心稱名，觀世音菩薩即時觀其音聲，皆得解脫。

這兩位佛菩薩的名號，被佛教徒所稱念的次數可能比「本師」釋迦牟尼佛還要多！阿彌陀佛安撫了人心對於「往生」的憂慮不安及悲傷，觀世音菩薩則膚慰了眾生「在世」無常苦難中的倉皇驚懼；人間的生死大事，佛菩薩可說都照顧到了。

雖然，成為大乘佛教徒的本懷應該是「學習諸佛菩薩救護眾生的精神」，而不是祈求佛菩薩的庇佑；不過，這兩位佛菩薩的慈悲願行，卻也引領不少百姓親近佛門，給予安心的「正能量」，藉此再「復為說法」，可說是佛菩薩度化眾生之方便善巧。

傳誦不息的經典

他們的名號是如何廣披漢土並被傳誦的呢？

稱念「阿彌陀佛」被視為「念佛法門」（與阿含經之「十念法」中的「念佛」不甚相同），乃是出自宣說「稱名念佛」的《阿彌陀經》；觀世音菩薩以三十三應化身救苦救難，則出自《法華經．普門品》；這部佛經在中國也是讀誦的人數甚多的長篇佛經，甚至演變到信眾們一字一拜——念一個字就拜一次。

這兩部影響漢傳佛教信仰深遠的經典，就是由鳩摩羅什翻譯的——其將梵文或西域文的佛典以優美流暢的筆法譯為漢文，才能讓諸多佛典歷經一千六百多年傳頌至今而不輟。

除此之外，中國禪宗六祖惠能因聽聞經文而開悟並用以印心、甚至在民間傳說中有著驅魔辟邪之莫大法力、且深為佛教徒所熟悉的《金剛經》，也是出自於鳩摩羅什之譯筆。「不二法門」、「天女散花」、「方丈」、「香積」等世人熟悉之語彙所從出、開顯「煩惱即菩提」之第一義諦的《維摩詰所說經》，亦是鳩摩羅什所譯；唐代知名詩人、人稱「詩佛」的王維，更以「摩詰」為字（別名）。

在中國佛弟子中最被知曉及誦念的幾部經典，翻譯者都是鳩摩羅什；但是，竟然鮮有人知道他是誰！

佛教傳至漢地的時間當在東漢明帝永平十年（西元六七年），印度沙門來到漢地傳法；其後，西域譯經大師相繼東來宣譯佛經，中國有志之士也相繼西行求法，釋迦牟尼的教法就逐漸在中國生根、流傳。

鳩摩羅什之前有安世高、支謙、竺護念等譯經高僧，之後則有玄奘、義淨等赴印度取經的知名法師，為何唯有鳩摩羅什所譯的經典為人傳頌及熟知？

據後人比較研究發現，鳩摩羅什的譯文「信、達、雅」兼具，較其他人的譯法更優美、清晰而富文學性，因此深為文人及庶民所接受及傳誦。

唐朝道宣律師所撰的《律相感通傳》中便稱，依天人所言，鳩摩羅什所譯經論之所以能歷久彌新，是因為他乃是過去七佛（「過去七佛」為：一毗婆尸佛，二尸棄佛，三毗舍浮佛，四拘留孫佛，五拘那含牟尼佛，六迦葉佛，七釋迦牟尼佛）的譯經師——過去七佛所說的經典都是由他來翻譯。雖似神話，卻也點出了鳩摩羅什譯筆之高明不凡。

如果沒有鳩摩羅什，佛典的經文、乃至於諸佛菩薩的名號，或許就無法如此深入人心、讓人琅琅誦念……

為法忘身的精神

此外，古代不像現代如此交通便捷。現代人搭飛機出國，十幾個鐘頭就嫌遠喊累了；古時候，從漢地到西域或印度，需要的是數月到數年時間，歷經崇山峻嶺、大漠、嚴寒酷暑、土匪、戰禍，不論是到漢地傳法、或到印度取經，都要冒著客死異鄉甚或「人間蒸發」之險。

鳩摩羅什七歲於故鄉龜茲出家，便跟著母親遊歷西域各國求法，並因其智慧通達、辯才無礙而聞名西域。然而，這也是「禍端」之所啟——當時亦崇信佛法的前秦苻堅，便是因為聽聞鳩摩羅什的大名，而派兵征伐他的故鄉龜茲，並將他「請」到中國來的。據史料記載，他至漢地後苻堅已歿，他並沒有得到應有的禮遇，反而遭到「被破戒」的霸凌……

然而，鳩摩羅什並未因此忘卻自身所立之宏願：「若必使大化流傳，能洗悟矇俗，雖復身當爐鑊，苦而無恨」；為了弘揚佛法，連炙熱的爐火煎逼都不懼，一己之生死及清譽又哪裡放在心上？

從文化的角度看，鳩摩羅什的貢獻不僅在於輸入印度佛學真髓，提高了中國佛教的佛學水準。其引進的中觀般若學，予以魏晉玄學極大的刺激；後來又通過禪宗，影響了宋明儒學及宋元道教，成為中國傳統文化不可分割的內涵，甚可說是相當重要的一環。

鳩摩羅什所譯之經論，對中國乃至於整個東亞的大乘佛教發展產生深遠的影響。他將大乘學理與精神詳加介紹，推動了大乘佛教在中國的發展，譯經論之後皆相繼傳入朝鮮和日本，不少中國佛教宗派及東亞佛教派別立宗的思想依據，就是他所翻譯的佛教經論。

只是，一般人連他的名字都沒聽過，又怎會知道他經歷的風霜顛沛，以及對佛教與中華文化的貢獻？

「讓讀者認識鳩摩羅什！」便是撰寫本書的目的。至於編撰的文獻依據，則是梁朝慧皎所著之《高僧傳》及相關的史書記載，藉此敘述鳩摩羅什的生命史，以引領讀者認識鳩摩羅什其人其事、領略其為法捨身的精神。

此外，鳩摩羅什千里跋涉來到東土後，一來是譯出佛典於漢地傳布，二來是要宣揚大乘佛法——尤其是中觀思想。如果只是介紹其生平，固然可以了解什師歷經的波瀾以及其為法忘身的偉大；不過，若是只知道其生平而不知其所傳之法，未免有買櫝還珠、辜負先賢苦心之譏。

因此，本書分為兩大部分。在第一部分「示現」中，主要敘述的是鳩摩羅什的生平，並有相關的佛教與歷史知識穿插其間，以讓讀者更清楚什師的整個生命脈絡；第二部分為「影響」，則是簡要介紹了什師所傳承的中觀思想與其源頭——龍樹菩薩，以及什師所譯的重要經論，以讓讀者了解其所傳譯之佛學思想的博大精深。

俗話說：「呷果子，拜樹頭」，當我們在誦念《法華經》、《金剛經》、《阿彌陀經》等經文時，也應感念鳩摩羅什譯經之功德；更重要的是，實踐大乘佛法之精神，效法本師釋迦牟尼佛、阿彌陀佛、觀世音菩薩、普賢菩薩、常不輕菩薩、維摩詰居士的大願大行！

目錄

影響

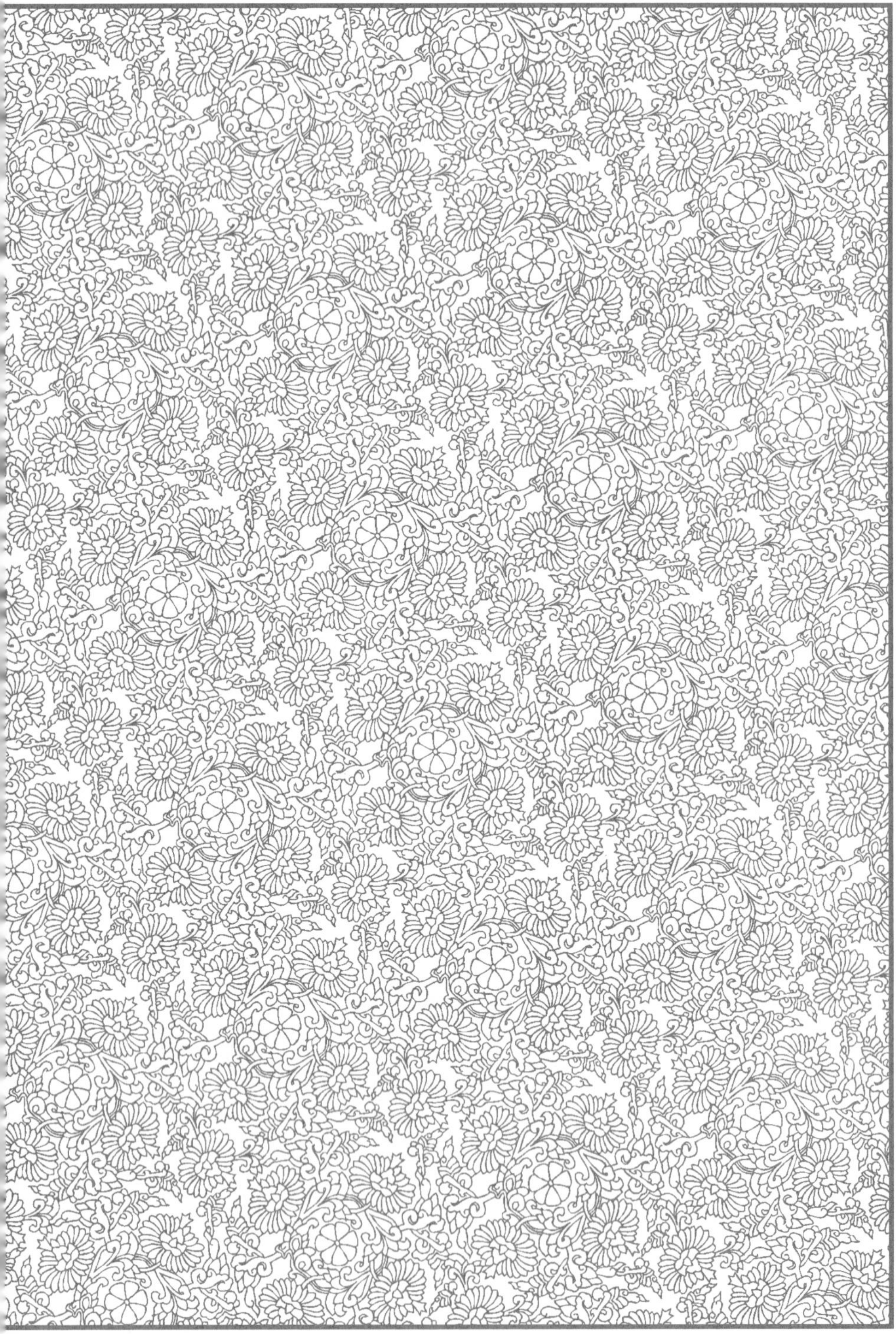

示現

緣起

朕聞西國有鳩摩羅什，深解法相，善閑陰陽，為後學之宗，朕甚思之。賢哲者國之大寶，若剋龜茲，即馳驛送什。

兩千五百多年前，印度釋迦族太子悉達多．喬達摩（Siddhārtha Gautama）於成家生子之後毅然捨棄世俗、出家修行。經過多年的諸般苦行與甚深思維之後，終於在三十五歲時於菩提樹下證得「阿耨多羅三藐三菩提」（anuttara-samyak-sambodhi）——無上正等正覺而成為「佛陀」（Buddha，意為「覺者」），又被後世尊稱為釋迦牟尼（Śākyamuni，意為「釋迦族的聖者」）傳道四十餘年後，八十歲時在娑羅雙樹下入涅槃。

佛滅後數百年，佛法由印度向外傳播，大致可分為南傳及北傳：南傳至今天的斯里蘭卡及東南亞一帶（不包括越南），北傳至中亞及中國。

佛光照震旦

佛教傳至中國的時間，據歷史記載，約為東漢永平十年（西元六七年），時為東漢明帝（西元二八至七五年）在位。

依隋朝費長房所撰《歷代三寶記》所載：「又始皇時，有諸沙門釋利防等十八賢者，齎經來化；始皇弗從，遂禁利防等。夜有金剛丈六人來破獄出之，始皇驚怖，稽首謝焉。」此傳說在南宋僧人志磐所編撰的《佛祖統紀》中亦有記載。

若依此說，則漢地與佛教的第一次接觸，可遠溯至秦始皇時代。不過，由於未收入正史，可信度較為不足。

另據《魏書．釋老志》記載，佛教於漢武帝時便傳至漢地：「漢武元狩中，霍去病獲昆邪王及金人，率長丈餘，帝以為大神，列於甘泉宮，燒香禮拜，此則佛道流通之漸也。」這裡所謂的「丈餘金人」，應該是指佛像。

在《後漢書．西域傳》中則有初次的正史記載：「明帝夜夢金人，長大，項有光明。以問群臣，或曰，西方有神，名曰佛，其形長丈六尺，而黃金色。帝於是遣使天竺，問佛道法，遂於中國圖畫形像焉。」《資治通鑑．漢紀三十七》則謂：「初帝聞西域有神，其名曰佛，因遣使之天竺，求其道，得其書及沙門以來。」

依此正史，則佛教傳至漢地的時間乃是東漢明帝之時。《佛祖統紀》中有較詳盡記載，並且成為公認的說法：「（永平）七年，帝夢金人丈六，項佩日光，飛行殿庭，但問群臣，莫能對。太史傅毅進曰：臣聞周昭之時，西方有聖人者出，其名曰佛。帝乃遣中郎將蔡愔、秦景、博士王遵等十八人使西域，尋求佛道。十年，蔡愔等於中天竺大月支，遇迦葉摩騰、竺法蘭，得佛倚像梵本經六十萬言，載以白馬，達洛陽；法蘭以沙門之禮相見，住於鴻臚寺。十一年，敕洛陽西雍門外建立白馬寺，摩騰始譯《四十二章經》，藏梵本於蘭臺石室，圖佛像於西陽城門及顯節陵上。」

綜合上述所言，佛教傳至漢地的時間當在東漢明帝永平十年（西元六七年），印度沙門來到漢地傳法，朝廷記亦載入史籍，流傳於後世。其後，西域譯經大師相繼東來，宣譯佛經，中國有志之士也相繼西行求法，釋迦牟尼的教法就漸漸在中國流傳了。

佛法慰人心

時序推移，來到約三百年後、西元四世紀的魏晉南北朝。

三國時代最後由西晉短暫統一。晉朝統一後迅速腐敗，皇朝短暫的統一，於八王之亂與五胡亂華後分裂瓦解，中原再度混亂。

西元三〇四年，因為成漢與劉淵的立國，使北方進入五胡十六國時期。三一六年，西晉亡於匈奴的劉曜後，司馬睿南遷建立東晉，南北再度分立。

東晉最後於西元四二〇年被劉裕取代，建立南朝宋，南朝開始；北朝則直到四三九年北魏統一北方後才開始，正式與南朝宋形成南北兩朝對峙。

魏晉南北朝時序表

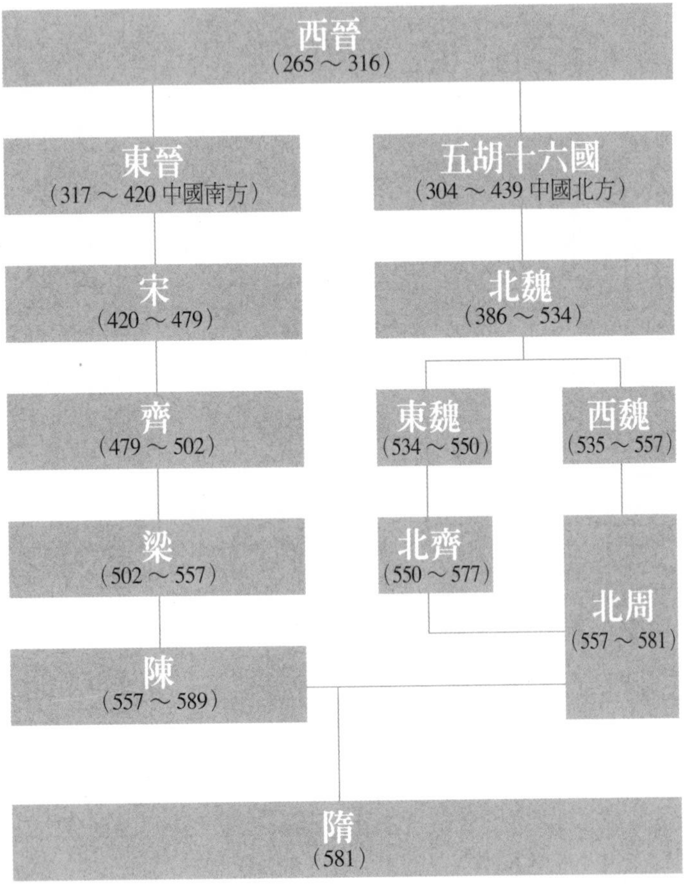

西晉時期，五胡居於西晉北方及西方的邊陲地區，對晉王朝呈現半包圍局面。由於西晉朝廷的腐敗和官吏的貪汙殘暴，五胡在八王之亂後紛紛舉兵，史稱「五胡亂華」。

在西晉滅亡後，華北地區戰亂紛紜，燒殺掠奪不斷，經濟亦受到嚴重摧毀，影響整個中國的文化、政治、軍事等方面之發展，直到前秦君主苻堅時才一度統一華北地區。

佛教在魏晉南北朝期間流行，一方面是戰亂導致了人心對現實社會的失望，轉而尋求精神慰藉。此時，大量佛教典籍的翻譯以及西方僧人大規模的來華，佛教理論中的來世說及受歡迎，進而獲得了發展空間。

另外一方面，就是當權者接受了佛教，支持譯經活動；當時無論是北方佛教中心洛陽，還是南方的幾個較大規模的譯經中心，出現了大規模的僧團活動，皆是因為官方的支持。無論是北魏還是南朝梁武帝，統治者的信仰及推行佛教，直接導致了佛教的增長。

因果報應思想也是佛教受到信仰的原因之一。南北朝是中國甚為紛亂的時代，掌權者互相爭鬥，一旦得到帝位便屠殺前朝子孫，如《南史》中記載：「宋受晉終，馬氏遂為廢姓；齊受宋禪，劉宗盡見誅夷。」。不只是改朝換代之滅族，甚至一家骨肉自相殘殺。若非喪心病狂者，在犯下諸般殺業後，多少都會有所悔懼。恰好佛教講因果報應，這些君主聽聞之後，或害怕自己墮入惡道，會擔憂子孫食其惡果，於是信仰佛教，向大慈大悲的佛菩薩祈祝，求其救護。

一般百姓又為何信仰佛教？現世的苦痛，他們是親身體驗的；受了苦難的壓迫，當然會追問苦難的由來以及解脫苦難的方法。佛教提倡三世因果，他們聽聞這樣的說法，以為今生的苦難乃是由於前生所造的業；那麼，要使來生不受苦難，只有皈依三寶，今生行善植福，來世便有希望……這是佛教能得到庶民群眾信仰的原因之一。

另一個原因則是比較實際的。南北朝時代，戰亂造成了無數貧民，貧民的救濟成為重要的問題。當時的統治者不是束手無策便是視若無睹；反之，佛教以慈悲為本，既有統治階層及富者供養，出家眾的生活所需又不多，便將剩餘物資作為救濟貧民之用。佛寺既然負擔了這個責任，當時的個人或政府慈善事業便順水推舟地委託佛寺辦理。

南北朝佛教徒熱衷於社會的慈善事業，佛教「福田」思想的影響也是原因之一。在福田與慈悲思想的鼓勵與影響下，通過「法邑」或「法義」、「社邑」等佛教民間組織，聚集財力與人力，致力於賑災濟貧、行醫治病、鑿井修橋鋪路等善行，義井、義橋、義學、義塚等慈善事業因此得以開展。

原始佛教的四聖諦（苦、集、滅、道）、十二因緣（「無明」緣〈引起〉「行」、「行」緣「識」、「識」緣「名色」、「名色」緣「六處」、「六處」緣「觸」、「觸」緣「受」、「受」緣「愛」、「愛」緣「取」、「取」緣「有」、「有」緣「生」、「生」緣「老死」）、八正道（正見、正思惟、正語、正業、正命〈謀生方式〉、正精進、正念、正定）等，可說都是從世間苦難及不安推演而來；五胡十六國時期的饑饉、戰亂和死亡的現實，有力地印證了佛陀的四聖諦：人生的苦難從何而來？如何擺脫苦難？如何修習而得以終止苦難之輪迴？佛教教義對這些根本問題提供了解答及解決方式。於是不難理解：人間的苦難現實，乃是佛教的傳布及發展的機緣之一。

然而，只有這些安定人心的作用是不夠的；對於那些殺人不眨眼的統治者，要令其心悅誠服，往往還需要某些神異、不可思議的力量。龜茲高僧佛圖澄之於後趙的石勒便是一例。

佛圖澄能誦經數十萬言，善解文義；來到洛陽時，與諸學士論辯疑滯，辯才無礙。其知見超群、學識淵博導，包括天竺、康居等地的名僧亦不遠萬里地前來受業。漢地的的名僧如釋道安等，也前來聽他宣說佛法。其門下受業追隨的常有數百，前後弟子幾近一萬，教學盛況可見一斑。

佛圖澄亦重視戒學，並以此教授徒眾；依其弟子釋道安所言，他對於古來相傳的戒律多所考據與研究，可見其戒學也甚為精深。

然而，《高僧傳》中對其神通事蹟著墨頗多，他的義學和戒行反被神異事蹟所掩。不過，為了收服剛愎的君主或武將，某些方便手段實屬必要。

出身羯族的石勒曾於葛陂（今河南省新蔡縣北方）築城屯兵，準備攻打東晉的都城建業。石勒常濫殺無辜，連許多與世無爭的出家人也遭毒手。

佛圖澄想以佛法感化石勒，便主動到石勒手下的大將郭黑略家中化緣；郭黑略本就信佛，對佛圖澄甚表尊敬，便拜他為師並受五戒。於是，佛圖澄便隨著郭黑略大軍移動。

此後，每當石勒準備開戰，郭黑略都能預先得知勝負，進而完成任務或是減少傷亡。石勒因此對郭黑略另眼相看，並疑惑地問：「你跟著我的時日不算少，之前卻未曾見你智謀如此出眾，竟能每次出兵前皆能預知吉凶？」

郭黑略說：「末將遇到一位法號佛圖澄的高僧，他的智慧、法術確實非比尋常，他曾說大將軍您有君臨諸夏的機緣。末將已拜他為師，我所告訴您關於戰事吉凶的預言，都是由這位高僧提點的。」

石勒得知後非常高興，便召見佛圖澄，想試試他是否真有如此神奇。

　　佛圖澄知道石勒乃一介武夫，只說大道理是沒有用的，便打算以道術來點化他。於是佛圖澄拿出一個缽，倒入清水，然後燒香念咒。只一下子那缽內頓時生出一枝青色的蓮花，散發出鮮艷耀眼的光芒。石勒這才表示信服。

　　石勒建立後趙政權後，事澄甚篤，軍政大事必咨而後行，並尊稱為「大和尚」。澄常用佛教義理勸導石氏施行「德化」，「不為暴虐」、「不害無辜」，並竭力向民間傳播佛教。石勒去世後，其後繼者石虎對其更加敬奉。

　　其實，依出家眾所遵守的《十誦律》及《四分律》，出家眾展現神通是犯戒的，因有驚擾或迷惑人心之虞；不過，若是為了度人則不算犯戒：「無犯者，為顯聖教，現稀有事，自陳已德，或欲令彼所化有情心調伏故，雖現無罪。」由此可知，神通之於佛教，只是度人之方便法門，重要的還是能令人心調伏的智慧。

「爭」取高僧的君主

五胡十六國的君主，多數像石勒這般以武力自恃，不知學問及文化為何物；然而，前秦的苻堅，則是其中甚為重視文化的君主。甚至，在苻堅的諸多戰事中，其中有兩次的征伐目的之一，是為了爭取高僧。

史稱苻堅「性至孝，博學多才藝，有經濟大志，要結英豪，以圖緯世之宜。」（《晉書．苻堅傳》）可見苻堅具有較高的漢文化修養，胸有大志，非尋常草莽英雄可比。

值得稱道的是他留心儒學，重視教育，整頓風俗，經濟亦頗為發達，社會因而展現「關隴清晏，百姓豐樂」的景象。如《晉書．苻堅傳》所云：「自永嘉之亂，庠序無聞，及堅之僭，頗留心儒學；王猛整齊風俗，政理稱舉，學校漸興。關隴清晏，百姓豐樂；自長安至於諸州，皆夾路樹槐柳，二十里一亭，四十里一驛，旅行者取給於途，工商貿販於道。」

苻堅之所以禮遇高僧、興隆佛教，與其重視文化及教育有必然關係。

苻堅對佛教表現出高度熱情。如果說，石勒、石虎奉佛圖澄為國師，僅僅是利用澄的異術，助石趙治國為政；那麼，苻堅扶持佛教，就不僅是藉佛法教化眾生，更有對佛學義理的認同。由西域來到漢地的沙門，無不受苻堅的優渥禮遇；與此同時，長安漸漸成為佛教翻譯的重鎮。

舉例來說，兜佉勒高僧曇摩難提（意為「法喜」），遍觀三藏，尤擅長《增壹阿含經》，學問淵博，無所不曉。年輕時即遊歷西域諸國，以為若要弘法，便應宣揚及度化未聞佛典的所在。於是遠涉萬里，帶著佛經東來，於前秦時期至長安，苻堅深加禮遇。

即使當時慕容沖已經反叛，發兵攻擊苻堅，關中情勢動盪；苻堅仍與武威太守趙正邀請道安等高僧於長安城中，集合長於義學之僧眾，請難提譯出《四阿含經》、《阿毗曇心經》、《三法度論》等一百多卷經論。

苻堅篤信佛教，不僅禮遇西域高僧、襄助譯經，對中土的僧團也同樣重視。

當時，漢地當時最有名的僧團領袖道安，帶領一批弟子弘法修道，飽嘗顛沛流離之苦，曾在襄陽停留十餘年。

東晉哀帝興寧三年（西元三六五年），道安為躲戰亂，率四百餘僧徒自陸渾（今河南嵩縣）南下襄陽。建元十一年（西元三七五年），道安在襄陽建檀溪寺、鑄釋迦佛像；第二年裝飾佛像時，苻堅遣使至襄陽，致贈道安外國金箔及佛像，助其裝飾佛像的工程。

在襄陽這個相對安定的環境裡，釋道安注釋佛經，創六家七宗之首的「本無宗」；整理出中國第一部佛經目錄——《綜理眾經目錄》；制定僧尼規範，開中國僧姓釋氏之例，漢地出家眾自此皆為一家。諸如此類，都是漢地佛門之創舉。

經東晉大史學家、文學家習鑿齒的推薦，孝武帝下詔書褒揚釋道安，稱釋道安「居道訓欲，徵績兼著」，並令其享受王公大臣之俸祿。

苻堅非常想將道安請到長安，他不只一次地對他的大臣說：「襄陽有位釋道安法師，簡直不是凡人，而是神器！有什麼辦法能請他來到這裡？」苻堅提的問題，在大臣中間成了熱門議題；但是；誰也沒有拿出個好辦法來。最後，還是苻堅自已拿定主意：晉以我為敵，如果以禮相請，晉肯定不會允許；武力雖是下策，但只有這一個辦法。

前秦建元十四年（三七八年），苻堅主意已定，便派遣大將苻丕統領十萬大軍，進攻襄陽。大軍臨行前，苻堅交待苻丕：這場戰爭，對外公開宣布是奪取襄、樊、沔（漢水上游）等沃土；實際上，真正的目的卻是在爭取釋道安。苻丕領會苻堅之意，率大軍直逼襄陽。

道安因襄陽太守朱序不願放人，結果與朱一起被俘，送至長安。苻堅之前就曾說過，道安是神器，「正欲致之以輔朕躬」。如今獲得道安，甚為歡喜地對僕射權翼說：「朕以十萬軍隊取襄陽，唯得一人半。」權翼問道：「指的是誰呢？」苻堅回答：「安公一人，鑿齒半人也。」可見其對道安之看重。

被「請」到長安的道安便駐於五級寺，僧眾數千，大弘法化。長安有道安坐鎮，標誌著北方的佛教中心得以確立。

苻堅對道安恭維備至，對道安的修持和學問更是欽服已極。他還下了一道詔書，令所有的文武百官，如果有不瞭解的事情，都要去請教道安。相較於後趙石勒、石虎只看重佛圖澄的神異，卻對他的高深義學一無所解，真可說是判若雲泥。

至於襄陽太守朱序，他固守城池，頑強抵抗，還殺了不少前秦官兵；苻堅反而認為這是一個刺史應盡的職責，對其以禮相待，後來甚至任用朱序為尚書。雖然展現出其一國之主的氣度，卻也為他之後的失敗埋下某個禍種……

苻堅對人才的渴求並未因此而滿足。他從車師前部王彌窴及鄯善國王休密馱等處聽說西域有高僧鳩摩羅什，視之為國寶；再加上釋道安到了長安以後，亦建議請龜茲國鳩摩羅什法師來一起研討佛教教義。苻堅因此要求龜茲送鳩摩羅什入秦，卻遭到拒絕。

建元十八年（三八二年），車師前部王彌窴、鄯善王休密馱又到長安朝見苻堅，以西域諸國的忠誠問題，建議苻堅發兵西域：「大宛諸國雖通貢獻，然誠節未純，請乞依漢置都護故事。若王師出關，請為嚮導。」有了「正當理由」，苻堅便派呂光率領七萬大軍征伐不服前秦要求的龜茲，並於次年正月出發。

臨行之前，苻堅在建章宮舉行餞別宴，對呂光說：「帝王順應天道而治國，愛民如子，那裡會因貪圖他國土地而征伐呢？而是為了敦請有道的大德智人啊！我聽說西域有一位鳩摩羅什大師，他深解佛法、擅長陰陽之理，是可供後學效法的宗師，我非常想向他請益。道德崇高且有智慧者乃是國家的大寶；如果你攻克了龜茲國，見到了鳩摩羅什大師，要趕快護送他返國。」

兵敗淝水

然而，苻堅並沒有等到呂光歸來。當時，中國境內只剩東晉一地不是前秦版圖，苻堅急於統一中國，在呂光征伐西域數月之後，便謀畫出兵東晉。

苻堅在位期間重用漢人王猛，亦推行一系列政策與民休息，加強生產，終令國家強盛，接著以軍事力量消滅北方多個獨立政權，成功統一北方，並攻佔了東晉領有的蜀地，與東晉南北對峙。

在王猛死前，一直阻止苻堅的南進政策，且勸苻堅不要攻擊東晉王朝；他認為，前秦的國力雖比東晉強，但由於前秦剛剛才統一北方，時機未成熟，加上東晉有長江天險，難以攻克。

王猛死後七年，苻堅認為時機成熟，決定攻擊東晉。前秦許多大臣都表示反對，一心希望儘早統一中國的苻堅說：「區區長江天險算什麼？我擁有百萬大軍，只要我一聲令下，叫士兵們把皮鞭投入長江，足可斷掉流水了！」此即為成語「投鞭斷流」之典故。

西元三八三年十一月，他發動了歷史上有名的淝水之戰。

只是，原本自信滿滿的苻堅，當他和苻融登壽陽城東望，見晉軍布陣嚴整，又望向八公山上，以為草木皆是晉兵——此即成語「草木皆兵」之由來。苻堅不禁面有懼色，回頭對苻融說：「此亦勁旅，何謂弱也！」

苻堅先派遣朱序去晉軍大營，勸說統帥謝石投降。然而，朱序到了晉營，不但不勸說謝石投降，反為謝石獻策：「若秦百萬之眾盡至，誠難與為敵；今乘諸軍未集，宜速擊之。若敗其前鋒，則彼已奪氣，可遂破也。」這招謀略，便被謝石用於大戰發動之時。

兩軍對峙於淝水之畔，有人向苻堅建議後退決戰。前秦將領大都認為阻敵淝水畔比較安全，苻堅卻認為可乘敵方渡河時主動出擊；因此，主將苻融指揮軍隊稍退。

哪裡知道，大軍一退便收不住了！謝玄等領晉軍渡水，衝殺過來。苻融想攔阻退兵，馬卻失足傾倒，因而死在亂軍之中。朱序又乘機在陣後大呼：「秦軍敗矣！」苻融一死，秦軍已慌；又聽到「秦軍已敗」，奔逃之勢更加一發不可收拾。晉軍從後追殺，秦軍自相踐踏而死者，多到掩蓋了草野及河川。

奔逃的秦兵，聽到「風聲」及「鶴唳」，便以為晉兵殺到，晝夜不敢休息，又飢又凍，死了七八成。最後，中了流箭受傷的苻堅，只帶領了少數軍隊退回淮北。

這場戰役除了對南北相峙形勢的關係重大，亦為後人留下了三個著名的四字成語：「投鞭斷流」、「草木皆兵」、「風聲鶴唳」。

要鞏固大北方的統一、解決民族問題，需要時間來消化，需要發展生產，發展經濟，使各族人民都先安居樂業，但苻堅沒有來得及這樣做，便又走上了新的征途。雖然苻堅擁有號稱百萬大軍，可是陣容中大多為鮮卑、羯、羌等民族，他們都不大願為前秦賣命。以上種種，都是導致苻堅於淝水之戰中一面倒敗陣的因素。

司馬光在其《資治通鑑》裡，便相當不客氣地批評苻堅：「夫有功不賞，有罪不誅，雖堯、舜不能為治，況他人乎！秦王堅每得反者輒宥之，使其臣狃於為逆，行險徼幸，力屈被擒，猶不憂死，亂何自而息哉！……對曰：『數戰則民疲，數勝則主驕，以驕主御疲民，未有不亡者也。』秦王堅似之矣。」

這樣的評價似乎有些「以成敗論英雄」，對苻堅而言其實不甚公允。

相對地，當代歷史學家柏楊則就苻堅對前秦之文化及經濟建設如此評價：在大分裂時代中，苻堅以「超時代的睿智之姿」站上歷史舞臺，為苦難的中國北方人民帶來太平盛世。

後來，苻堅被其叛將、另立「後秦」的姚萇殺害，沒能等到呂光將他所期待請益的高僧帶來……

苻堅對呂光的囑咐，以及淝水之戰的落敗，冥冥之中決定了鳩摩羅什下半生的際遇。「如果」，苻堅在淝水之戰獲勝；又或者，如釋道安那般，苻堅順利地請到鳩摩羅什，後者或許就不會有其傳記中所載那般「受辱」的際遇了。

鳩摩羅什來到中國，對於大乘佛教在漢地的弘揚宣化當然是件好事；然而，「被請到」中國的鳩摩羅什本人又是怎麼想的呢？

第一章　誕生・出家

什在胎時，其母自覺，神悟超解，有倍常日。

要認識一個人，就從他的名字開始吧！

「鳩摩羅什」為梵語 **Kumārajīva** 的音譯。命名的方式其實很單純：他的父親名為「鳩摩羅炎」，母親為「耆婆」；把父親的姓和母親的名字合起來，便是「鳩摩羅耆婆」，也叫「鳩摩羅什婆」；略去婆字，就成為鳩摩羅什。「鳩摩羅」譯成中文是「童」，「耆婆」則是「壽」，合稱「童壽」。

後人往往簡稱鳩摩羅什為「羅什」；嚴格來說，就漢文名字而言，「鳩摩羅」是姓，「什」才是名。為方便稱呼，本書中便簡稱鳩摩羅什法師為「什師」。

為出家而離國的鳩摩羅炎

據記載，什師乃出身天竺貴族——在天竺世代為相的鳩摩羅世家。什師的祖父是一位出類拔萃的人物——鳩摩羅達多；他為人灑脫豪放，卓越不凡，是位無人不知、名聞遐邇的國相。

鳩摩羅炎似乎承繼了父親的不凡，一樣天賦異稟、才智出眾；不過，本應嗣繼相位的他卻推辭不就，因為他想出家修行。於是，他割捨世俗、毅然出家；不僅如此，他甚至不待在天竺，而是遠去龜茲。

可以想見，像這般世代為相的世家，要反抗父親乃至整個家族的期待、堅不繼承國相，鳩摩羅炎應該經過一番自我掙扎與家族抗爭。也許，他是受到佛法影響——受釋迦牟尼出家求道、不願承繼王位的啟發與召喚。

其實，「出家」並非專屬於佛教，其最早源自於古印度吠陀（Veda）諸宗教與沙門（Śramaṇa，泛指所有捨棄俗世生活型式的修行者）傳統，這個語詞經佛教傳入中國。

在古印度的婆羅門教中，將一個婆羅門的一生分為四個階段：前面兩個階段分別為「學生期」與「家住期」；第三個階段，則是在完成各種俗世任務、傳宗接代之後，離開自己家庭，獨居林間，進行苦行及冥想，專力於宗教修行，這個階段稱為「林棲期」。第四個階段，則稱「遊行期」或遁世期，雲游四方，以乞討為生。沙門傳統中，則是放棄了世俗職業，以乞討為生，修行各種苦行。

釋迦牟尼出身王族，當然是婆羅門教徒，未出家前曾受婆羅門教教育；出家後，亦曾隨婆羅門教大師修學數年，包括苦行等修行法門。因此，鳩摩羅炎即使「出家」，也未必就是要成為佛教僧侶。

話說回來，就算是依佛教而出家，為何不待在印度就好？而要千里迢迢地前往龜茲？或許，是為了遠離與放下家人的牽絆及不捨？另一個可能是，基於佛教當時在印度的處境。

鳩摩羅炎當時正值笈多王朝（Gupta Dynasty，西元三二〇至五四〇年），其建都於印度東北部摩揭陀的華氏城（現在的比哈爾邦 Bihar），也是印度史上的鼎盛時期。而笈多王朝時代的梵文學復興運動，將當時衰弱不振的傳統婆羅門教（Brahmanism）蛻變成印度教而再度興盛起來。就在印度教興盛後的西元四、五世紀間，佛教在北印度已有「密法」的流傳。

婆羅門教是印度人自古就有的正統宗教，佛教興起之前，它已在印度大地上流行了數百年，早已根深蒂固，佛教在與婆羅門教的競爭中很難撼動其正統地位。因此，佛教密宗雖然在總體上屬於佛教系統，但它的許多宗教實踐，是大乘佛教和印度教以及印度民間信仰妥協或融合的產物；隨著其宗教實踐成分加大、以及對原有理論的忽略，便逐漸同化於印度教，其獨立存在的地位也就逐漸喪失。

總而言之，佛教密宗的精神雖然不離佛教根本教義，但其與印度教相近的「外衣」，卻容易令人產生誤解，甚至於修習時容易偏離了佛教精神。

在這樣的狀況下，如果鳩摩羅炎是因修習佛教而出家，亦有可能是為了到佛教更為興盛的其他國家去「留學」。

總之，鳩摩羅炎捨棄了祖國的世俗榮華，往東越過蔥嶺（現今之帕米爾高原）——其為古代中國和地中海各國的陸上通道絲綢之路之必經之地，來到龜茲國。這裡，便是什師誕生的所在。

什師的故鄉——龜茲

龜茲（龜茲語 Kutsi，梵語 Kucina）又稱丘慈、丘茲、邱茲、屈支、拘夷、歸茲等，是中國古代的西域大國，漢朝時為西域北道諸國之一。

《後漢書》記載：「時龜茲王建為匈奴所立，倚恃虜威，據有北道，攻破疏勒，殺其王，而立龜茲。」由此可見，龜茲為匈奴支持而建立，而夾在漢朝與匈奴兩大勢力之中。

自漢武帝時代張騫開通西域之後，西域三十六國中，龜茲具有舉足輕重的地位。漢章帝建初五年（西元八十年），班超欲平西域，上疏陳述降服龜茲的重要性：「平通漢道，若得龜茲，則西域未服者百分之一耳。」換言之，龜茲臣服，則西域臣服；西域臣服，則可斷匈奴右臂。當然，這是從政治與軍事上的考量，把降服龜茲當作平定西域的關鍵。

後來，班超任西域都護，立龜茲待子帛霸為王。東漢明帝永平十六年（西元七十三年），竇固等在酒泉出擊北匈奴，攻下伊吾廬（今新疆哈密市五堡鄉四堡村內的拉甫去克古城），屯兵設置宜禾（現今的哈密）都尉；明帝永平十七年，復置西域都護府。章帝建初元年（西元七十六年），焉耆、龜茲殺都護，才放棄都護府。

龜茲國以庫車綠洲為中心，最盛時北枕天山、南臨大漠、西與疏勒接、東與焉耆為鄰，相當於現今的新疆阿克蘇地區和巴音郭楞蒙古自治州部分地區。有很長一段時間，是絲綢之路新疆段塔克拉瑪干沙漠北道的重鎮，宗教、文化、經濟等各方面極為發達。

龜茲是古印度、希臘・羅馬、波斯、漢唐四大文明在世界上唯一的交匯處，同時還是地處絲綢之路上的中西交通要衝。那時的龜茲和疏勒、于闐、高昌，並稱為西域的四大佛教文化中心。

據研究，西元一世紀左右，佛教經大夏（今阿富汗北部）、安息（今伊朗東北部）、大月氏（今阿姆河流域），並越過蔥嶺（帕米爾高原）傳入龜茲，這也就是佛法北傳的路線——從犍陀羅國越過蔥嶺傳到西域諸地。

另有一說為，佛教傳入西域，可能早在西元前二世紀時。塔里木盆地周圍的國家于闐、疏勒、龜茲均是當時佛教的重鎮。《梁書・劉之遴傳》記載，之遴好古愛奇，在荊州聚古器數十百種，將四種古器獻給東宮；其中有一隻外國澡罐，上有銘文：「元封二年，龜茲國獻。」元封為漢武帝年號，元封二年即西元前一〇九年。澡罐是僧侶的洗濯用具；這表示，最晚於西元前二世紀末，佛教已傳入龜茲國，才有可能向漢朝進獻澡罐。依此推估，佛教傳入龜茲的時間，應該早於西漢元封二年。

至於龜茲佛教，乃以小乘為主，兼及大乘。西元三世紀中葉，龜茲佛教邁入全盛時期，如《晉書・四夷傳》載：「龜茲國西去洛陽八千二百八十里，俗有城郭，其城三重，中有佛塔廟千所。」可見西晉以後，龜茲的佛教已經相當普及。

龜茲的重要性還在於，佛教最初很可能是由龜茲傳入中國的。依考據，中國最早的二世紀佛經譯本中的佛教用語，以「沙門」、「沙彌」為例，與梵文的 sramana、sramenera 發音有異，但與龜茲語的 samane、sammir 相近；可由此推論，中國二世紀的佛經更有可能是從當初的龜茲語翻譯而來。

龜茲作為佛經傳入中國的媒介，大約在西元一世紀；之後更有多位來自龜茲的高僧至中國弘法，包括龜茲王世子帛延、帛屍梨蜜、帛法炬、佛圖澄等。

著名的龜茲石窟中之克孜爾千佛洞，歷史比敦煌莫高窟久遠，是中國建造最早的大型石窟寺群，也是新疆石窟遺址中規模最大、保存最好的一處，什師的銅像便矗立在克孜爾石窟前。據稱，其開始產生表現大乘觀念的壁畫和大佛像的年代，與什師改宗大乘的時間吻合。

鳩摩羅炎「被迫成親」

當鳩摩羅炎來到龜茲時，龜茲王為白純（或譯為「帛純」；白、帛都是梵語 puspa 的音譯，意為「雲華」）。大概是因其盛名已傳至國外，白純非常敬慕他的品德與智慧，便親自到城外迎接，並請其任國師之位。

他不僅接下國師之位，而且在龜茲成家了！白純有一個尚未出嫁的妹妹，名為「耆婆」，當時正是雙十年華。她是個天資聰敏、才智過人的女子，而且讀書過目不忘，還能理解其中的重點及深刻的義理；特別的是，她的身體有紅痣，依當時的命相之法來說，是必生貴子的特徵。

對於這樣的王族之女，且不論政治利益，各國的王公貴族自應是爭相求見、欲得青睞吧！古人相對於現代人而言較為早婚，十餘歲便成婚者所在多有，雙十年華更早已是適婚年齡。然而，雖有各國顯貴競相提親，她卻始終沒有中意的。合該是因緣已至，當她一見到鳩摩羅炎的一表人才，便十分傾心。

意在出家修行的鳩摩羅炎，接下國師之位還能藉此弘揚佛法、度化世間，「成親」一事卻是跟他的意願完全背離的——若是如此，他也不必離開祖國了，他當然極不願意。龜茲王為了王妹的姻緣，只好想盡辦法說服；然而，懷柔不成，只好用威迫的手段，終於讓二人結為連理。

鳩摩羅炎為了出家而翻山越嶺地遠離祖國，卻在異邦被迫娶妻。吾人或許會提出質疑：為出家而「逃家」的鳩摩羅炎為何沒有逃走呢？（也許是被軟禁？）威迫下的婚姻會幸福嗎？他與王妹耆婆又是懷著怎樣的心情成婚的呢？當然，古時候的人對婚姻的看法跟今人不同，或許沒那麼多想法；不過，辭位出國修行的鳩摩羅炎不但接了異邦的國師之位，而且還屈服成親，則不免令人有諸般疑惑。

對於以上諸般疑問，若參考關於鳩摩羅炎之所以到龜茲的另一個說法，似乎較為順理成章。

鳩摩羅炎因希冀出家而不願繼承相位並離國出走，乃是據《高僧傳》所記載。而據《晉書．卷九五．藝術傳》的注釋，則有不同的說法：「公為國相，國破遂投龜茲，龜茲王以妹妻什父。」隋朝吉藏的《百論疏．卷一》中也有相近的記錄：「羅什父本是天竺人，為彼國相，國破遠投龜茲。」

也就是說，鳩摩羅炎並非因出家而捨棄相位、遠離祖國，乃是因亡國而遠走龜茲；這樣的理由，較之因辭位出家而離開祖國、卻又接下異邦國師之位的說法，似乎比較合理。只是，一般的傳記文獻都採取《高僧傳》之說。

耆婆懷胎異徵

什師還在母親胎裡時，便令母親跟一般人懷孕的情況不甚相同。婚後過了些許歲月，耆婆有了身孕；令人感到訝異的是，當她懷著這第一胎時，不論記憶或對事物的理解能力，都倍增於從前。原本便甚為聰敏的她，這段時間還邀集一些王族婦女及有德的僧尼，一起到得道僧侶聚集的雀離大寺供養及聽法。

雀離大寺即蘇巴什佛寺，又名昭怙厘大寺、雀離大清淨寺，當時乃是遠近馳名的佛法重鎮，在西域佛教史上佔有重要的地位。西域東來弘法的高僧，中土西行求法的大德，多數會落腳於此；這是一座著名的佛教伽藍，是辯論、探討佛教教理的法壇。約建於東漢初年，魏晉時是龜茲地區最大的佛寺，有僧人近兩百人，由高僧佛圖舌彌住持，戒法清嚴。遺址在現今拜城縣克孜爾鄉。

更令人感到奇特的是，懷孕的耆婆忽能無師自通天竺語，還能跟寺中的高僧大德辯論佛經教理，眾人都感到非常訝異。

當時有位「阿羅漢」達摩瞿沙亦聽聞此事。

所謂的「阿羅漢」（Arhat）為梵語，意譯為「無學」，指的是比丘就如何解脫三界束縛的修行所學圓滿，乃小乘佛教中修行的最高果位。

此外，「阿羅漢」一詞還有三種含意，將其地位及境界說明得更清楚：

一、應供：阿羅漢福慧俱足，為眾生之福田，供養阿羅漢可以修福，以其能教眾生如何修福、修慧、斷煩惱。

二、殺賊：「賊」指煩惱，令眾生無法解脫而出離三界、不能成佛；阿羅漢斷除煩惱，故云「殺賊」。

三、無生：無生意指不再出生，也就是出離了六道輪迴。

從傳中看不出這位修行圓滿的阿羅漢是對耆婆或是對眾人說，只知道他認為：「像耆婆這樣的狀況，必定是懷有智慧的孩子。」他並舉舍利弗為例：舍利弗在母胎時，他的母親亦有這般異象。

由阿羅漢口中說出耆婆懷胎的來歷，而且還有舍利弗的事蹟做為前例，自然更具可信度。這其實可視為某種預示：耆婆所懷的，將來必是有如舍利弗一般具大智慧的覺者。

舍利弗的故事

「舍利弗」（Śāriputra）據說是佛陀弟子中「智慧第一」，亦即《般若心經》中的當機者（經文乃對其所說）「舍利子」。達摩瞿沙所說的事情在《大智度論》亦有記載：「舍利懷妊，以其子故。母亦聰明，大能論議；其弟拘絺羅，與姊談論，每屈不如。知所懷子，必大智慧；未生如是，何況出生。」

舍利弗的故事是：當他母親懷孕時，就顯得特別聰明。他母親一向喜歡跟她弟弟摩訶拘絺羅——即舍利弗的舅舅——辯論，通常都辯不過他；奇怪的是，懷了舍利弗以後，每次辯論她都能侃侃而談，把弟弟辯得啞口無言。由此推知，所懷的孩子必具有大智慧。

然後，又引出了另一個故事。據記載，摩訶拘絺羅知道姊姊所懷的孩子絕非泛泛，便下定決心離家苦學；學成之後，善巧說法、四無礙辯，挑戰之人皆紛紛落敗。拘絺羅決定返家，與姊姊重逢，並與外甥舍利弗一較高下，不料舍利弗早已出家。

氣憤難耐的拘絺羅，決定前往與外甥之師佛陀辯論一較高下；想不到，在與佛陀的論辯中居於下風。他自知智慧遠遠不及，因此皈依佛陀座下，據說其為佛陀弟子中「答辯第一」。

耆婆堅決出家

「奇怪」的不只是懷孕時的耆婆。生下什師不久之後，之前阻止夫婿鳩摩炎出家的耆婆卻想要出家了！這是她第一次表示要出家的念頭。在什師的傳記中並沒有說明為什麼——是在雀離大寺聽法的熏習？或是因懷胎什師的影響？

初為人父的鳩摩羅炎當然不允許——即使他曾有出家之念，不過眼下畢竟已經成家，而且有了孩子得照顧；此時，耆婆似乎也沒有一定要出家的強烈意願。之後，他們夫妻又生下一個男孩，名叫弗沙提婆。

在生下第二個孩子之後，耆婆體驗了一段有如觸動佛陀出家念頭的歷程。《長阿含經卷一．大本經》記載著令悉達多太子生起出家之念的過程：太子乘著馬車出遊園林，看到生、老、病、死四苦——「太子見老、病人，知世苦惱；又見死人，戀世情滅；及見沙門，廓然大悟。」悉達多因此剃髮為沙門，出家修道。

就如悉達多太子一般，耆婆某日出城遊覽，看到荒冢間枯骨散亂各處，因此深深思惟這個肉身是世間痛苦的根本，就立誓要出家修行。這是她第二次表示要出家的意願。

與第一次不同，耆婆這一次可真是吃了秤鉈鐵了心！因丈夫鳩摩羅炎堅持不答應，於是她以發誓及絕食來表達自己的決心：「若不落髮，不咽飲食！」經過六天，氣力衰竭，命若懸絲，她的丈夫只好忍痛答應。

然而，她大概是預防丈夫反悔，只是取得口頭承諾還不行，在尚未落髮前，她堅決不吃任何食物；鳩摩羅炎只好即刻命人為耆婆剃除頭髮，她才願意進食。很快地，耆婆隔天便正式受戒。

依傳所言，耆婆進而修習禪法，專精不懈，很快便證得須陀洹果。出家不久便證得須陀洹果，由此可知耆婆的道心之堅固、以及修行之精進不怠。

「禪法」與「須陀洹果」

此處所提到的「禪法」，並非後世的中國「禪宗」法門。「禪」或「禪那」為dhyāna之音譯，其意為「思維修」或「靜慮」。一心思維研修而得以定心，故謂之思維修；寂靜而得以審慎思慮，故謂之靜慮。例如，什師所譯、解析「不淨觀」及「白骨觀」之修習過程的《禪祕要法經》，便是屬於宣說「禪法」的經典。

至於「須陀洹」果（梵語Srotāpanna），則是小乘佛教中修行的果位之一。依第一部漢譯佛經《佛說四十二章經》所云：

佛言，辭親出家為道，名曰沙門，常行二百五十戒，為四真道，行進志清淨成阿羅漢。阿羅漢者，能飛行變化，住壽命，動天地。次為阿那含；阿那含者，壽終魂靈上十九天，於彼得阿羅漢。次為斯陀含；斯陀含者，一上一還，即得阿羅漢。次為須陀洹；須陀洹者，七死七生，便得阿羅漢。

小乘佛教認為，一個凡夫要修成阿羅漢果，前後要經歷四個位次，也就是四個果位；換句話說，就是斷一分煩惱、證一分真理，逐步圓滿。四個果位分別是須陀洹、斯陀含、阿那含和阿羅漢。

須陀洹是小乘佛教修行證得的第一個果位，意為「預流果」，其意為：凡夫通過修行斷盡「見惑」，開始見到佛道，進入聖道之法流。證得須陀洹果以後，永遠不會墮入三惡道（畜牲道、餓鬼道、地獄道），只會在須陀洹和三善道（天道、阿修羅道和人道）之間輪迴。然後再逐漸斷除「思惑」，方能證得阿羅漢果：「諸漏已盡，梵行已立，所作已辦，不受後有。」

欲成就阿羅漢果，須斷盡見、思二惑。「見惑」，是指知見錯誤，包括身見、邊見、見取見、戒禁取見、邪見；「思惑」則是與煩惱心的相應習氣，包括貪、瞋、癡、慢、疑。

或許是因為什師在胎裡時便被預言為會是像舍利弗那樣的覺者；也有可能是因為，鳩摩羅家已有另一個「繼承人」，什師之出家並未受到如其父、其母曾經歷過的阻力。

耆婆出家時，什師年方七歲，也跟隨母親一同出家，依止佛圖舌彌學習。佛圖舌彌在小乘學方面的造詣已譽滿西域，可說執「說一切有部」（Sarvāstivāda，又譯為「薩婆多部」）的牛耳。

在《出三藏記》中列出了佛圖舌彌所管轄的寺院、共有八寺之多；一個人管理這麼多寺院及僧眾，可見佛圖舌彌在龜茲佛教界的地位之高。

佛圖舌彌精擅的「說一切有部」學說，其根本思想為「十二處有」、「三世實有、法體實有」。

所謂「一切」（Sarvā），依《雜阿含經》：

佛告婆羅門，一切者，謂十二入處——眼、色，耳、聲，鼻、香，舌、味，身、觸，意、法，是名一切。

也就是說，「一切」（境）指的是十二「入處」（梵文Āyatana，意指感覺、感受產生的基礎），即眼色、耳聲、鼻香、舌味、身觸、意法。《大毘婆沙論》引用此段來說明，一切就是十二處，十二處就是一切；因此，「一切有」（指所有事物）中唯有十二處是真實存在，其餘諸法則為假名。

至於「三世實有、法體恆有」，則是主張一切諸法（宇宙森羅萬象）的本質，亙於過去、現在、未來三世，儼然存在，不同他派主張「僅現在存在」之說。而身為小乘學泰斗的佛圖舌彌，傳授什師的主要內容便是「阿毘達磨」（梵語Abhidharma）——舊譯阿毘曇，簡稱毘曇，意譯為「無比法」、「對法」、「大法」。阿毘達磨為佛教著作分類之一，為論書的一種，結集為論藏，收入三藏（經、律、論）之中。

在佛教第三次結集後開始出現阿毘達磨著作，這些論典屬於菩薩阿羅漢對佛經的見解和註疏。與經藏不同的是，它們並不是現實生活環境中的開示或討論的記錄，而是透過系統化的方式整理並詳細地定義、論說，且謹慎地將之分門別類後的成熟論述；通常會將某些佛經的零散觀點進行系統性的深入闡述，能幫助人們對佛法觀點進行總體認識和系統修行。

什師據說每天能背誦阿毘曇千偈——一偈有三十二字，總共三萬兩千字，其記憶力著實驚人。背誦完後，通常再由佛圖舌彌為什師解釋義理，什師往往很快就能理解、通曉箇中諦理。

著重義理解析與論辯的阿毘曇內容通常相當精深甚至艱澀，若沒有清晰的邏輯思維，往往很難讀通；什師卻能日誦千偈、理解無礙，由此可見其果然像舍利弗那般深具慧根。

由於什師的母親耆婆是龜茲王之妹，所到之處，全國人民都會特別供養他們母子；耆婆深怕豐厚的利養影響修行的道業，所以帶著兒子走避他國。

此時，什師才九歲。

第二章　修習小乘，初試啼聲

外道輕其年幼言頗不遜，什乘隙而挫之，外道折伏愧惋無言，王益敬異。

九歲的什師隨著母親渡過辛頭河（印度西北部的大河，又作印度斯河、新陶河、拉楚河、獅泉河、辛頭河、新頭河，即今之印度河），來到罽賓國。從龜茲到罽賓，得穿過現今之塔克拉瑪干大沙漠邊緣、穿過帕米爾高原、翻過氣候變化多端的喀喇昆崙山，其旅途之艱辛是可以想見的。

遇明師槃頭達多

耆婆為何要帶著年幼的兒子歷經千辛萬苦地到罽賓？除了遠離優渥的環境

外，應該也因罽賓當地的佛教興盛、佛學精深，可讓什師接受更進一步的佛學教育。由此也可看出，耆婆的求法決心以及毅力，對稚齡的什師亦應有所影響。

罽賓（犍陀羅）的重要性

罽賓，《大唐西域記》作迦濕彌羅，梵名 Kasmira，又作迦葉彌羅國、箇失蜜國，位於西北印度，犍陀羅地方之東北、喜馬拉雅山山麓之古國，漢、魏、南北朝均作罽賓，即今天喀什米爾地區。

中國與罽賓建立關係始於漢武帝。西元前一一五年，張騫出使烏孫，派副使至罽賓。當時罽賓地處絲綢之路南道上的一條重要支線之上，罽賓商人經常來往中國。

西元一至三世紀間，罽賓被興起於中亞的貴霜帝國征服，發展成為佛教中心之一。當地僧徒來中國傳佈佛教者甚多，中國僧徒亦多往罽賓參拜佛跡和求法取經。

奠定罽賓在世界佛教史上重要地位的，是印度史上的兩位大領袖：阿育王和迦膩色迦王。

西元前三世紀中葉，是印度史上的阿育王時代。阿育王最初為婆羅門教徒，信奉濕婆神；因目睹戰爭造成的慘狀，轉而皈依佛教，並到處巡禮佛跡，立紀念碑、建立寺院，派遣僧侶各處傳教。

罽賓的佛教，據說是阿育王時由末闡提（末田底迦，Majjhantika）傳入的，其為上座部和大眾部共尊的大師，乃是罽賓佛教的開創者。

按南傳佛教記載，約於西元前二六〇年前後，阿育王派末闡提至罽賓傳教；漢傳佛教尊其為西方第三祖，列為異世五師之一。

依《阿育王經》所載，佛陀早已授記末闡提至罽賓傳法：

> 爾時世尊語阿難言：汝當捉我衣角。時世尊將阿難身昇虛空往罽賓國。至已，語阿難言：汝見此處多山林不？阿難答言：已見，世尊。復告阿難：此罽賓國我入涅槃百年後，當有末田地比丘，於此土立罽賓國。

《大唐西域記》中也引迦濕彌羅《國志》的記載，稱佛陀：「告阿難曰：我涅槃之後，有末田底迦阿羅漢，當於此地建國安人，弘揚佛法。」

貴霜王朝則由大月氏建立。《漢書・卷九六・西域傳・上》記載：「昔匈奴破大月氏，大月氏西君大夏，而塞王南君罽賓；塞種分散，往往為數國。」被匈奴擊敗的大月氏轉而奪取了罽賓，並長驅直入，盡滅其餘小國。至迦膩色迦王時，佔領全印度，令大月氏處於強盛之頂峰，諸國皆稱之為貴霜王。

迦膩色迦王時代積極支援佛教的發展，在佛教徒中贏得了僅次於阿育王的聲望。依傳說，他有鑑於佛教派別爭論嚴重，便召開第四次結集。

依《西域記》所載，向迦色膩迦王提議舉行這次結集的是脅尊者，主持者是世友。結集的結果，是對既有的經律論三藏重新釋義，各三十萬頌；漢譯《阿毗達磨大毗婆沙論》二百卷，就是其中解釋論藏的部分。可見罽賓當地研究阿毘達磨的風氣甚盛。

大月氏貴霜王朝的統治區域，也是大乘佛教發展的重要基地。在希臘文化的長期薰陶下，加上佛教對於「佛本生」故事的宣說，直接產生了對佛陀形像及其前生菩薩偶像的崇拜。為了表現佛的本生和菩薩諸行，一種新的佛教藝術形式應運而生，這就是犍陀羅佛教藝術。

犍陀羅佛教藝術是希臘藝術的支派，早在大夏統治時期就影響了寺塔等佛教建築；偶像崇拜的發展，使希臘的雕刻美術在佛教領域大放異彩。

其後，佛教在此曾一度遭受迫害，再度興盛後成為大乘佛教之一大根據地，於《大集經》、《華嚴經》、《涅槃經》等大乘經典中皆可見到此地名。

西元四世紀初，罽賓與蔥嶺之東的貿易和文化交流日趨頻繁，它的佛教中心地位愈益顯著。稍前於什師或與什師同時，許多罽賓高僧翻越蔥嶺、越過流沙，往東土弘揚佛法，著名者如僧伽跋澄、僧伽提婆、僧伽羅叉、弗若多羅、卑摩羅叉、佛陀耶舍、佛馱什、求那跋摩、曇摩羅多等。

與此同時，西域及中土的沙門，亦往罽賓求經、學禪法。如西域沙門智山赴罽賓修學禪法；西晉永嘉末年來中土，東晉建武元年（西元三一七年）復還罽賓。龜茲國高僧佛圖澄自稱「再到罽賓，受誨名師」，可見其赴罽賓不止一次。中土到罽賓的求法僧人則有法顯、智嚴、智羽、智遠、寶雲、僧紹、智猛、法勇等。由此可見，罽賓在當年亦是佛教僧侶「留學」的勝地。

什師在這裡遇見了聞名當世的法師槃頭達多——他亦是罽賓王的堂弟；如同佛陀，其也捨棄了王族的身分及榮華富貴，出家修行。

槃頭達多學問淵博、氣度宏大，才識之高可說是當時獨步全國的；對於經、律、論三藏、以及「九部」——修多羅（經）、祇夜（應頌）、伽陀（偈）、伊帝曰多伽（本事）、闍陀伽（本生）、阿浮陀達磨（未曾有法）、尼陀那（因緣）、阿波陀那（譬喻）、優波提舍（論議）等九種說法體裁，都相當精熟。更難得的是他的精進：從早上至中午書寫千偈，從中午至傍晚又背誦千偈。因此聲名遠播，諸國皆有人遠道而來拜師。

由於槃頭達多是知名的小乘說一切有部學者，什師便向他學習「雜藏」以及原始佛教的重要經典《中阿含經》、《長阿含經》等，共四百萬言。

已有相當基礎的什師，在明師槃頭達多的教導下，表現自是不凡，槃頭達多便時常稱讚什師的神慧俊才。罽賓王聽聞達多對什師「神俊」的讚譽，便延請什師進宮。

不過，罽賓王並非單純地召見及禮遇，而是了召集許多外道論師與什師進行義理的辯論。此舉不知是想測試什師的學養修為，或是想讓佛學與佛教以外的其他教派或學說一較高下？

在印度，佛教與其他宗教、乃至於佛教各宗派之間，經常會透過辯論的方式，來闡明自家的觀點，並且質疑對方觀點的缺失；這並不是為了辯論而辯論，而是藉由此種理性討論的方式，探究諸法實相與真理。在辯論過程中，雙方都必須透過嚴密的邏輯推理方法，才不致淪為口頭與意氣之爭，而是進行真實義理的探討。這也是佛教注重「因明學」（邏輯學）的原因之一。

外道諸師看什師小小年紀，學識與辯才想來有限，在言語上便不甚客氣；想不到，什師卻能找出其論點的不足處加以辯駁，結果外道全被折服。

因此，罽賓國王更加敬重什師，並以上賓之禮供養，儼然已經將什師視為高僧。

何謂「雜藏」？

佛滅後，經典之結集，有二藏、三藏、四藏、五藏等之別：經量部為經律二藏之結集。薩婆多部為三藏之結集。大眾部為四藏或五藏之結集。四藏者三藏與雜藏也。

《增壹阿含經．卷一》：「契經一藏，律二藏，阿毗曇經為三藏；方等大乘義玄邃，及諸契經為雜藏。」

《摩訶僧祇律．卷三十二》：「雜藏者，所謂辟支佛阿羅漢自說本行因緣，如是等比諸偈誦，是名雜藏。」

《分別功德論‧卷第一》：「所謂雜藏者，非一人說，或佛所說，或弟子說，或諸天贊誦，或說宿緣三阿僧祇菩薩所生，文義非一多於三藏，故曰雜藏也。」

簡言之，「雜藏」包括了九分教（即「九部」）或十二分教中，修多羅（經）以外的所有其他文類。因此，雜藏通常被當成是修多羅（主要是四部阿含經）的補充，其內容攝一切菩薩之教行。

關於「阿含經」

「阿含」為梵語 āgama 之音譯，亦音譯為「阿笈摩」。ā 是前置詞，意為「相反」；gama 是「去」之意，合起來就是「來」的意思。因此，古譯「阿含」為「趣」與「歸」，意指「展轉傳來」，有傳授傳承之意。

如《瑜伽師地論・卷八十五》：「如是四種，師弟展轉傳來於今；由此道理，是故說名阿笈摩。」

又如僧肇〈長阿含經序〉云：「阿含，秦言『法歸』；『法歸』者，蓋是萬善之淵府、總持之林苑。其為典也，淵博弘富，韞而彌廣；明宣禍福賢愚之跡，剖判真偽異齊之原；歷記古今成敗之數，墟域二儀品物之倫。道無不由，法無不在，譬彼巨海，百川所歸，故以法歸為名。」

較諸其他阿含經，《中阿含經》經文不長不短，故名「中阿含」。苻秦建元二十年（三八四年）由曇摩難提譯出五十九卷，東晉隆安二年（三九八年）瞿曇僧伽提婆重譯六十卷。本經重於律治，分五誦十八品。內容述及八正道、十二因緣、四禪、緣起、六界聚、六觸處、十八意行等部派佛教教義，闡述善惡因果報應，勸人止惡向善，常以寓言故事啟發。

《長阿含經》全經分四分四誦，共二十二卷；因所集各經篇幅較長，故稱「長阿含」。後秦弘始十五年（四一三年）於長安由佛陀耶舍口誦，竺佛念譯為漢文。北傳漢譯《長阿含經》與南傳佛教的《長部》經典大致相同。

途遇阿羅漢

當什師十二歲時，母親又攜帶他返回龜茲國。因為什師在罽賓的優異表現，令其聲名遠播，一路上有許多國家以高位爭相延聘他，但什師都絲毫不動心。以一位僅十歲出頭的小沙彌能受到這般的禮遇及尊崇，可以想見當時西域諸國對佛法的重視。

他們途經月氏北山時，又遇見了一位阿羅漢，道出了一個與什師未來密切相關的預言——

這位阿羅漢見到什師時，告訴母親耆婆：「應當好好守護著這位小沙彌；假如他能到三十五歲而不破戒，便將會大興佛法，度化無數眾生，就如當年的優波毱多尊者；如果沒有守護好戒體，便只會成為一位有才能的法師。」

依漢傳出家眾所遵循的《四分律》而言，比丘戒有二百五十戒，這位阿羅漢並沒有說明要避免什師破何戒，或是包括所有戒律；不過，後人不免將此預言與什師之後的際遇聯想在一起……

關於優波毱多尊者

優波毱多，梵語為 Upagupta，又作優婆毱多、鄔波毱多、烏波屈多、烏波毱多、優波毱多、優婆毱提、鄔波級多等，意為大護、近藏、近護、小護等，為西天禪宗四祖。

依《阿育王經》預言：「佛於摩突羅國告阿難言，我百年後摩突羅國有毱多長者之子名優波毱多，教授禪法，弟子之中最為第一；雖無相好，化度如我，我涅槃已後當大作佛事，其所教化阿僧祇眾生皆令解脫。」

優波毱多的師父是三祖商那和修尊者（Śāṇavāsi）。商那和修在付法予優波毱多時，囑咐：「自今以後，希望你發無上菩提心、廣開甘露門，令諸群生皆得明心見性，獲大饒益。」

優波毱多成為付法藏第四祖後，走遍全國向人們宣揚佛法。當時恰逢阿育王在位，阿育王認為佛教具有教化百姓的功能，對國家的發展亦頗有益處，因此對佛門弟子非常敬重；他聽到優波毱多的事蹟後，十分仰慕，多次邀請優波毱多為自己宣說佛理。

阿育王曾委託優波毱多到華氏城參拜釋迦牟尼的聖跡，並在優留曼荼山（或言優流漫陀山）建立一座宏偉的寺院，作為佛弟子修行之用。

由於阿育王的大力支持，當時的佛寺香火鼎盛，家家戶戶虔誠供佛，佛教在整個印度迅速傳播開來。

至沙勒、修習各類學問

不久，他們母子到達沙勒國；此國亦為佛教國家，且珍藏有不少佛教遺物，令什師得以增長見識。

大乘佛法豐富的沙勒

沙勒，即疏勒國（梵語 Khasa），今新疆喀什市。

疏勒國為漢初西域三十六國之一，由於地處交通樞紐之地，是古絲綢之路南、北兩道的匯合點，亦是中西文化的最大交匯之處，波斯文化、印度文化、中原文化在這裡交流融匯。據研究，佛教由印度傳入中土，疏勒或許是首站，最遲於二世紀初期已有佛教傳入疏勒。

佛典中關於此國的記載頗多。新譯《華嚴經・卷四十五・菩薩住處品》謂此國的牛頭山為菩薩住處。《佛母大孔雀明王經》卷中等則以此國為達摩波羅神（Dharmapala）之住處。《大方等大集經》卷五十五、卷五十六謂佛嘗以此國付囑發色天子、畢宿；《中日經》則說此國為經法隆盛的邊國之一。

與罽賓相較，疏勒除了有不少佛教遺物外，亦有豐富的大乘佛教文獻。近代學者便於此地掘得古梵本《法華經》殘卷，對後世刊行梵文《法華經》頗多助益。

東晉隆安四年（西元四〇〇年），高僧法顯遠赴印度時曾途經疏勒，記述了當地舉行的佛教大會；當時四方僧侶雲集，疏勒王及群臣依佛法供養布施。唐代玄奘行經疏勒時，疏勒已經有僧院達數百所。

什師母子所到之處，莫不受到當地統治者的禮遇；想必因此到了沙勒王宮，並有緣得以見到佛鉢。

道安曾在他的《西域志》記載：「疏勒國有佛浴床，赤真檀木作，方四尺，王於宮中供養。」文中提及的「佛浴床」，相傳便是釋迦牟尼的遺物。

什師之後的南朝名僧智猛，往天竺取經路過疏勒時，又見到王宮中還供養著「佛鉢」和石制的「佛唾壺」等佛陀遺物；「佛鉢」相傳是釋迦牟尼修行化緣用的碗，「佛唾壺」則是盛唾液的痰盂。出於對佛陀的崇敬，他的所有遺物都被視為佛陀的象徵、乃至帶著某種「法力」，並被佛教徒熱切地蒐羅、珍藏。

小小年紀的什師，或許是一時好奇，試著把佛缽放在頭頂上，竟然輕而易舉。此刻，他心中暗自想著：「佛缽的形體看起來不小，為什麼會這麼輕呢？」才剛生起這個念頭，便馬上感到佛缽的沉重；他的力氣不夠、舉不起來，佛缽立即掉落，他也不禁失聲驚呼。

耆婆看到這般失禮的行為，不免詢問什師為何驚慌？什師回答：「孩兒的心一時之間產生分別執著，所以佛缽一瞬間由輕變重，才會不慎掉落。」

據說，智猛也有同樣的遭遇。他見到的佛缽通體紫中帶青、青中帶紅。他以華香供養，又雙手舉缽，輕鬆地舉過頭頂；他當下發願說：「若缽有感應，能輕能重。」發願剛畢，佛缽立刻變重，雙手捧著的缽重不可支；他連忙放到桌上，這時又覺得缽並不重。智猛的體驗，跟什師的經驗可說甚為相近。

來到這佛教文獻豐富的沙勒，什師便在此留駐一年，在冬季時誦讀阿毘曇，對於〈十門〉、〈修智〉諸品的義理，未曾請教師長便深自領悟其中之精妙；研究「六足」諸論時，理解上亦毫無滯礙。

《發智論》與「六足論」

什師在沙勒所誦「阿毘曇」，應為迦旃延尼子（Kātyāyanīputra）所作《發智論》，也就是僧伽提婆譯《八犍度論》和玄奘所譯《阿毗達磨發智論》的原型。

犍度，梵語 Khandhaka，意為「法聚」、匯編；八犍度便是將佛教諸法為八類：

一、雜犍度，雜說四善根、四聖果等。

二、結使犍度（結使，即煩惱之意），有三結、五蓋乃至百八煩惱之說。

三、智犍度，說二智、四智等。

四、行犍度，說十善、十惡等業行。

五、大犍度，說地、水、火、風等四大諸法。

六、根犍度，說眼耳等五根、六根乃至二十二根等。

七、定犍度，說四禪、四定之禪定。

八、見犍度，說斷、常二見乃至六十二見等。

所謂〈十門〉，是指八犍度中「結使犍度」的〈十門跋渠品〉；〈修智〉，即為「智犍度」中的〈修智跋渠品〉。

「六足」，是指論述說一切有部法義的六論，即《集異門足論》、《法蘊足論》、《施設足論》、《識身足論》、《品類足論》和《界身足論》。之所以被稱作「六足」，是因後世說一切有部以《發智論》為主流，稱為「身論」；這六本論書則支撐、助長《發智論》的觀點，被視為「足論」，因而被統稱為「六足論」。

由此可知，什師在沙勒所學，更側重說一切有部中的迦旃延尼子一系。

什師對阿毘曇的悟解超群，很快便受到僧眾們注意，認為他並非一般的出家眾，並相當推崇他的學養。

《瑜伽師地論》云，「五明」（包括佛學在內的各種學問）為「一切菩薩正所應求」，什師對於學問的研究亦不限於佛學。他在修習與宣說佛法以外的時間，還研究婆羅門教的學問，以明瞭箇中的文辭與答辯之精要；又博覽四吠陀典及修習「五明」，陰陽星算都在他的研究範圍，甚至對於吉凶之預言都頗為準確。

不過，什師在佛學以及各種學問的修習雖然「極高明而盡精微」，其待人處事卻個性率直、對細節不甚在意；這樣的態度，讓某些修行者對其人格與修為有所質疑與微詞。什師自己倒是頗為自在，未嘗介意。

「吠陀」及「五明」

四《吠陀》和五明，包含了古代印度的所有學問，當時的學者和僧眾無不修習。例如，佛陀耶舍「乃從其舅學五明諸論，世間方術，多所練習」（《高僧傳・卷二・佛陀耶舍傳》）；《大般涅槃經》的譯者曇無讖「初學小乘，兼覽五明諸論」。（《高僧傳・卷二・曇無讖傳》）

吠陀（梵語轉譯為Veda，又譯為韋達、韋陀、圍陀等），意思為「知識」、「啟示」，是婆羅門教和現代的印度教最重要及最根本的經典，亦是印歐語系中最古老的文獻。最古老的《梨俱吠陀》約成書於西元前十五至十世紀之間，乃婆羅門教最根本的聖典，是研究古代印度社會、文化的寶庫。

《大唐西域記・卷二》云：「其婆羅門，學四《吠陀論》，一曰壽，謂養生繕性；二曰祠，謂享祭祈禱；三曰平，謂禮儀、占卜、兵法、軍陣；四曰術，謂異能、伎數、禁咒、醫方。」《摩登伽經·卷上·明往緣品第二》，說到婆羅門學《圍陀典》，以及梵天造《圍陀典》：先是梵天修習禪道，有大知見，造一《圍陀》；後有仙人名白淨，造四《圍陀》，一者讚頌，二者祭祀，三者歌詠，四者攘災。之後，更有婆羅門在四《圍陀》基礎上發展變化。「如是輾轉，凡千二百十有六種。是故當知，《圍陀》經典，易可變異。」可見，四《吠陀》是婆羅門的百科全書，內容幾乎無所不包。

什師學習四《吠陀》，因而瞭解印度歷史文化與各種知識；其學問淵博莫測，與他早年善學四《吠陀》不無關係。

至於五明之「明」，謂有見、闡明、知識、學識、智慧等。五明，即五種學科，源於古印度婆羅門傳統，後被佛教接受，指五門學科。《瑜伽師地論·卷三十八》中云，五明是「一切菩薩正所應求」；

《大乘莊嚴經論．卷五》更提及：「若不勤習五明，不得一切種智故。」其內容為——

聲明（śabda vidyā）：包括語言學、訓詁學、修辭學、文學等，即語言表達及書寫、著述能力。

內明（adhyātma vidyā）：包括教理學、哲學，為五明之首；對佛教徒而言，即經律論三藏。對已證實相的菩薩，內明既利自己修行，又可幫助他人開悟。《瑜伽論．三十八》云：「諸佛語言名內明論。」《大智度論》曰：「內明，究暢五乘因果妙理。」

因明（hetu vidyā）：即印度之邏輯學、論辯術，乃是通過「宗、因、喻」組成的三支進行推理證明的學問；三支中以「因支」最重要，故名「因明」。已證內明的菩薩，可以藉此辯駁外道的異論，令未相信佛法的人相信，令已相信的人信仰更加堅定。

醫方明（cikitsā vidyā）：包括醫學、藥學乃至禁咒等，可助強身健體，並醫治別人的色身病苦，拯救眾生。

工巧明（śilpa-karma-sthāna vidyā）：包括藝術、科學、工藝、農業等，即日常生活中所需要的技藝。

結識高僧佛陀耶舍

除了研究諸般學問，什師還在沙勒結識了博通大小乘的佛陀耶舍，並從其受學，獲益良多。

據說，耶舍性格「簡傲」——簡者，不耐繁瑣之事；傲者，自視甚高。而什師則是不修小節、不介細故，與耶舍性格相近，因此師徒相處頗為投契融洽，感情日深，直至晚年都保持著相知的情誼。

兩人在沙勒揮別後，經過多年，終於又在長安聚首。佛陀耶舍亦受到國主之禮遇，在佛典的譯介——尤其是律學方面，頗多貢獻。

佛陀耶舍

佛陀耶舍，梵名Buddhayaśas，又稱佛馱耶舍，意譯為覺明、覺名、覺稱，北印度罽賓國人，東晉譯經家。十三歲出家，至十五歲日誦經二三萬言，二十七歲始受具足戒。常以讀誦為務，專精不怠，博通大小乘。

他的髭鬚為赤紅色，又善解毘婆沙（論典），因此被當時的人稱為「赤髭毘婆沙」；又因他是什師之師，故有「大毘婆沙」之稱。

耶舍為婆羅門種。曾有一沙門來耶舍家乞食，惹怒了耶舍之父，命人捧打驅逐。在古代印度，婆羅門種等級最高，耶舍父大概自以為種族高貴，可以無禮對待乞食的沙門；想不到，其傲慢立即得到報應：耶舍父手腳痙攣，不能行動。父詢問巫師，巫師說是冒犯賢人，因而受到鬼神降災。於是，耶舍父只好把被驅逐的沙門請回來，禮敬有加，竭誠懺悔；數日後，手腳康復如初。他因此命當時十三歲的耶舍出家為沙門弟子。

耶舍十五歲時，開始誦讀佛經，每天誦得二、三萬言。由於耶舍所住的寺院規定僧人須在外乞食，花費時間相當多，難免影響佛經的誦讀；有一羅漢欣賞耶舍聰敏，便常乞食供養他，讓耶舍得以專心讀經。到十九歲，誦大小乘佛經已數百萬言。

不過，耶舍生性簡傲，頗以為自己識別事理、判斷疑難的能力勝人一籌，極少有人能做自己的老師，這種態度不免引人非議，也因而不為其他僧眾看重。但耶舍自有長處：一是儀表俊美，二是善於談笑，這二點甚是討人喜歡，人們也就不太會計較耶舍的缺點。

二十歲時，到了行具足戒的年齡。（具足戒：為比丘，比丘尼當受之戒；於一切境界離罪之意，故名具足戒。比丘為二百五十戒，比丘尼為三百四十八戒）因為不被諸僧所重，無人臨壇為耶舍主持儀式；因此，他到了二十多歲仍是沙彌。

耶舍便跟著舅父學五明諸論，修習世間法術，一直到二十七歲才受具足戒。

耶舍經常手不釋卷、誦經不輟，又端坐深思、專精致志，這是其他僧眾難以企及的。

之後，耶舍來到疏勒國。國王身體不適，請三千僧眾為之誦經禳災，耶舍亦在其中。疏勒國太子達摩弗多，見耶舍儀容俊雅，詢問其何從而來；耶舍應答敏捷，諧趣中見辯才，深得太子賞識，便供養於宮中。

什師之後返回龜茲，又被帶至長安。多年後，耶舍與什師再度相會於長安，合作譯經。

第三章　改宗大乘，聲名遠播

廣誦大乘經論，洞其祕奧。龜茲王為造金師子座，以大秦錦褥鋪之，令什升而說法。

什師在沙勒時不但結識了高僧佛陀耶舍，互為師友，更得到修習大乘佛法的善因緣。

隨蘇摩修習大乘

當時，莎車王子兩兄弟也在沙勒。兄為須利耶跋陀，弟為須利耶蘇摩；與什師之父鳩摩羅炎相似，他們將也國事委託他人，相繼出家。弟弟蘇摩的才識過人，專攻大乘，他哥哥以及其他修習佛法者也拜他為師。

小乘與大乘

乘（梵語 yāna），即交通工具之意；在佛教義理中，乃是指能將眾生從煩惱之此岸載至覺悟之彼岸的教法而言。大乘，梵文為 mahā-yāna，音譯為「摩訶衍那」、「摩訶衍」，為小乘（梵文 hīnayāna）之相反詞。

大乘、小乘之語，係佛陀入滅一段時期之後，大乘佛教興起，由於大、小乘的教法與理念不同乃至於對立所產生之名詞。

學者通常根據漢譯佛典的年代，來推估出大乘佛經集成的年代；再根據大乘佛經出現的年代，來推估出大乘佛教的發展狀況。有一些學者根據大乘思想與大乘經論相伴而來的假設，認為大乘佛教約在西元一世紀時開始在印度流行，約在貴霜帝國時代。一般認為，在二世紀至三世紀間，大乘佛教已經在印度正式確立。

大乘佛教認為，大小乘教法的區分，主要在於自利與利他的不同：能夠自利利他、圓滿成佛的教法為大乘，其以「普度眾生，令眾生皆得成佛」為目的；而只求斷除自身煩惱的教法，則稱小乘。在《法華經．譬喻品》中，將小乘的聲聞及緣覺之道譬喻為「羊車」及「鹿車」，將修菩薩道者稱為「大乘」；因其度眾生多，以大「牛車」喻之。如《大方等大集經》云：「其乘廣大，故名大乘。」

隨著印度社會文化程度的提高，經典的大量出現，為大乘教法的推廣與普及奠定了基礎。大乘佛教的經典甚多，漢傳分成五類，分別為般若門、華嚴門、方等門、法華門、涅槃門，稱五大部，分別包括《大般若經》、《華嚴經》、《大方等大集經》、《大寶積經》、《法華經》、《大般涅槃經》等經典。

此時，印度的馬鳴、龍樹等大乘菩薩紛紛出世，大乘佛教之興盛超過小乘，成為印度佛教的主流。

龍樹著有《中論》、《大智度論》、《十二門論》、《十住毘婆沙論》等，弟子提婆著《百論》，形成了般若中觀學派。

其後又有印度僧人無著、世親，依據《瑜伽師地論》建立「唯識論」，形成瑜伽行唯識學派，後有陳那、安慧、護法等十大論師及無性、法稱、月官等學者，盛極一時。中觀學派後來則有佛護、月稱及清辨等論師，破邪顯正，令其學說再度興起。

「中觀」和「唯識」被認為是大乘佛學的兩大主要理論基礎，被稱為空有二宗。據唐代義淨《南海寄歸內法傳》說：「所云大乘無過二種：一則中觀，二乃瑜伽。中觀則俗有真空，體虛如幻；瑜伽則外無內有，事皆唯識。」在印度南方，則有「如來藏」思想盛行，形成如來藏學派，後與唯識學派合流。

若從地理位置的傳布來看，佛教由北印度傳入西域而至中原，最初多為小乘佛教。至紀元一世紀後半葉，大乘佛教已開始輸入大月氏、安息、康居，再經以上諸國傳入疏勒、莎車、于闐等國；然後，隨著東來弘法的高僧，大乘經典源源不斷傳入中土。

支婁迦讖、支曜、支謙、竺法護等所譯的佛經，有不少屬於大乘；特別是西晉時的竺法護，往蔥嶺之西求得大量大乘經典，回來時一路傳譯，共譯出一百五十四部，大乘經論多於小乘。由此可以推知，二至三世紀時，西域諸國的大乘經典必然不少。

原本修習小乘佛法的什師，連外道的學問也予以研究，聽聞尚有不同於小乘義理的佛法經論，當然也積極地向蘇摩請教。

然而，當蘇摩為什師解說《阿耨達經》時，什師卻產生了疑慮。人在聽聞自身所未曾聽過、或是跟自已已知的不同甚或相反的知識或道理時，往往會難以接受，甚至不願聽聞。例如，《法華經．方便品》裡提到，當釋迦牟尼佛要宣說「一大事因緣」時，便有五千人退席，即是一例。

關於《阿耨達經》及「菩薩」

《阿耨達經》（Anavatapta-nāga-rāja-paripṛcchā），亦名《阿耨達龍王經》、《佛說弘道廣顯三昧經》、《三昧弘道廣顯定意經》、《阿耨達請佛經》、《阿耨達龍王所問決諸狐疑清淨品》、《入金剛問定意經》、《佛道廣顯經》等七種名稱。

該經主要內容是佛陀為阿耨達（意為「無熱」）龍王及諸弟子宣說大乘「菩薩」道的主旨理論及其功德，強調菩薩道是大乘佛教清淨道的最重要道路之一，眾弟子要生起正信、勤修菩薩道。

菩薩，為菩提薩埵（梵語 bodhisattva）之略稱；bodhi（菩提）意為「覺悟」，satto 或 sattva（薩埵）意為「有情」，即有情感、覺受之眾生；二字合稱，即為「覺有情」。意指經由修行，讓自己與眾生皆證悟菩提，得以從煩惱愚癡中解脫（自覺覺他）；依此發願並依佛法修行者，便可稱為「菩薩」。

要學好菩薩道，就要以菩薩為榜樣，行菩薩事，得普智心，即：「御修內性，執上最志。升行大慈，堅固大悲。志慕無厭，發於精進。仂具猛勵，而德強力。又踰踴勢，安靜無煩。為眾忍任，習近善友。專行法事，執御權化。施備忍行，樂於撿戒。」

在經中，佛陀除了強調菩薩行「諸有不發大悲意者，為與普智隨順眾願，而為說之廣宣佈示；志不有惓忽棄利養，勸念順時受持護行，斯謂菩薩應轉法輪」（〈轉法輪品第七〉）之大乘宗旨外，對中觀學說的空義也多有闡述。例如——

〈無欲行品第五〉云無六根、六入之義：

何謂菩薩為法義？其無眼色耳聲鼻香舌味身更心法之義；不生色義，不滅色義，不為痛想行識之義，亦不生滅識行之義。亦不欲色、無色之義，亦不生滅欲色、無色義。亦不我義，亦無我見著人之義；不有人義，亦不著人見入之義。亦不著入有佛身義，亦不法字著入之義，不數計會有著入義，亦復不有施、戒、忍、進、定、智著義。曉入一切諸法之義。是謂菩薩為法義也。

〈決諸疑難品第八〉云淫慾、恚怒、愚癡為空：

何謂菩薩應修善行？軟首答曰：若是龍王，如貪行空施行亦空，等解於此是謂善行。以約言之，不戒與戒、懷恚及忍，懈退精進、亂意一心，如其愚空，智慧亦空；於是等行，斯謂善行。又復龍王，如其淫慾、恚怒、愚癡為之空者，無其淫慾恚癡亦空；如參行空，無雜亦空；於其等行，是謂善行。又復龍王，如其八萬四千行空，賢聖正脫亦悉為空。

〈不起法忍品第九〉則云眾生亦空：

是謂菩薩等見忍空。云何為空？眼以色識，耳之聲識，鼻而香識，口之味識，身所更識，心受法識。如諸情空，其忍亦空，過忍亦空，現忍亦空。如其忍空，眾生亦空。何用為空？以欲為空。恚怒癡空，如眾生空。顛倒亦空，欲垢起滅，亦悉為空。作是智行，斯謂菩薩行。……又彼菩薩而作是念，如其以空，至於我垢，及諸眾生，空無所有，御欲如此，是欲已脫。於本自無一切眾生，如此之忍於欲自在。以脫是欲根寂無處，其永不滅無脫不脫，亦無有得至脫者也，若斯永脫，則彼是故住處自然。

原本修習「說一切有部」佛法的什師，當他聽到「其無眼色耳聲鼻香舌味身更心法之義；不生色義，不滅色義，不為痛想行識之義」、「云何為空？眼以色識，耳之聲識，鼻而香識，口之味識，身所更識，心受法識」、「如諸情空，其忍亦空，過忍亦空，現忍亦空」等根、識、過現未三世皆空的說法，跟他之前所學的小乘法甚為不同，不免有所質疑：這是怎樣的經書？為何其中義理竟破壞世間一切法？

蘇摩開始為什師解釋：眼耳鼻舌身意、色聲香味觸法等根、塵、識，及色、受（痛）、想、行、識等五陰（蘊），其並沒有永恆不變的自性、並非真實的存在……

什師依其所修習的小乘教法，執著於「說一切有」之理論；蘇摩則依據諸法由因緣而生的非實有觀點，兩人往復論辯、探究，參詳了許多時日。最後，向來論辯無礙的什師終於無言以對。

大乘佛學的要旨「諸法皆空」——不僅人空，法亦空，有如醍醐灌頂，令什師覺得，以前自己對佛陀教法的通曉，其實是仍處於黑暗中而不自知，現在才算見到了光明，得到大覺悟：「大乘經是了義，小乘經是不了義。我從前學小乘，如人不識黃金，把銅礦石當作黃金。」

蘇摩見什師終於通曉諸法皆空的道理，自然很高興，並指點他專心研讀方等經典——此處泛指大乘經典；不僅如此，他更傳授《中論》、《百論》、《十二門論》等論典，希望什師成為出色的大乘法師。

所謂「方等」經

何謂「方等」？簡言之，便是所有大乘經典之統稱。

如《閱藏知津．卷二》所云：「方等亦名方廣。……蓋一代時教，統以二藏收之，一聲聞藏，二菩薩藏。阿含、毘尼，及阿毘曇，屬聲聞藏；大乘、方等，屬菩薩藏。是則始從《華嚴》，終《大涅槃》，一切菩薩法藏，皆稱方等經典。」《淨名玄論．卷二》：「諸大乘經皆云方等，亦名方廣。」

關於《中論》

佛教論書，又稱《中觀論》或《正觀論》，與《十二門論》、《百論》合稱三論宗據以立宗的「三論」，皆為闡述中觀思想的論著。《中論》、《十二門論》的作者為龍樹（約西元一五〇至二五〇年），是大乘佛教的代表人物。龍樹（Nāgārjuna），也譯為龍猛，《龍樹菩薩傳》謂龍樹出於南天竺梵志種。《百論》作者為龍樹弟子提婆（Āryadeva）。

龍樹是印度佛教中觀學派的開創者，完整論述了性空觀念，其緣起性空思想奠定了大乘佛教的基礎。龍樹著作甚豐，有「千部論主」之稱，在佛教史上享有崇高地位，後人甚至稱他為「佛陀第二」。

因蘇摩師授什師大乘之故，古來即為三論宗及天台宗傳承之一祖。如《八宗綱要‧卷下‧三論宗條》所載其師承即為：龍樹、提婆、羅睺羅、莎車王子蘇摩、什師。

據某些佛教史籍說，蘇摩是龍樹的弟子，此說無直接證據；不過，若言蘇摩並非龍樹弟子，同樣也無直接證據。可以肯定的是，因蘇摩為什師宣說《阿耨達經》，若將其視為中觀學派的學者，可能較貼近事實。《阿耨達經》云：「道為無起相，亦不有滅相；不起亦無滅，彼悉為道習。」這四句與《中論》「不生亦不滅」之旨相契。據此，稱蘇摩是中觀學派的學者，或者至少精熟中觀學派的精義，便頗為合理。

離開沙勒後，母子倆來到溫宿國（今新疆阿克蘇市）。溫宿在龜茲西方數百公里，後漢及三國時，溫宿王為龜茲所置，是龜茲的屬國。

在溫宿國，什師遇見了一個聲名卓著的小乘修習者，展開了一場氣氛相當緊張、而且賭注頗大的辯論。

辯論場所設在溫宿國王宮中。這位修道者向有「神辯」之名，揚名諸國；他手擊王鼓，鼓聲咚咚，增添緊張氣氛，並大聲對眾人宣布：「沙彌若勝我，我斬首謝罪。」

然而，什師回應時只提出兩則義理詰問他；這位修道者苦思良久，卻茫然若失、不知如何答辯，只好對什師跪拜行禮，表示皈依。

於修習大乘義理後，什師的名聲，又因這次的辯論而遠播。

返回祖國

外甥的聲譽日隆，龜茲王白純自是同感光彩。聽到什師已來到溫宿，便親自去迎接他回到龜茲。

如前所述，龜茲成為西域佛教的中心之一，與龜茲王室信仰佛教密不可分。龜茲王室出家的並非耆婆一人，早於什師數十年的西域高僧帛屍梨蜜多羅也是龜茲王室貴族。由於王室的推動與支持，加上什師小乘學根底深厚，對大乘經典又通達精微，所以龜茲及周邊諸國都宗仰什師，無人能與之抗辯。

此外，又有一位虔誠的比丘尼出身自龜茲王室，名阿竭耶末帝，是龜茲王女，博覽群經，於禪法尤其用功深研，據說已證二果。

阿竭耶末帝相當積極地修習佛法，聽聞佛法便甚為歡喜。在他的支持下，大集僧眾，請什師講大乘經典，什師並對僧眾宣說中觀要義，闡明諸法皆空、無我分別、五蘊皆空、假名非實等核心問題。初次聽聞中觀義理的僧眾及信眾，莫不感嘆於太晚才得以學習大乘甚深義理。

什師正值二十歲，於是在王宮受戒。此時，適有罽賓高僧卑摩羅叉來龜茲弘揚律藏，四方學者競相前往向他求救。

在此之前，龜茲的律藏流傳不多。據《出三藏記．集比丘尼戒本所出本末序》，除了佛圖舌彌所統尼寺有《比丘尼戒本》外，其餘不聞律藏。卑摩羅叉來龜茲闡揚律藏，恰好填補欠缺，龜茲佛教學者因此爭相前往請益。

卑摩羅叉，梵語 Vimalaksa，意為「無垢眼」，罽賓人；其眼珠為藍色（青眼）——可能有羅馬人血統，所以人稱青眼律師。《高僧傳．卑摩羅叉傳》謂羅叉「出家履道，苦節成務」；由此推之，羅叉所習律藏應為小乘律。

在律藏中，《十誦律》是說一切有部的根本戒律。相傳此經原名《八十誦律》，乃是第一次集結時，分成八十次誦出，故名《八十誦律》；後經傳承，陸續刪節，只剩下十誦，故稱《十誦律》。此律之梵文本已經失傳；現存漢譯的《十誦律》，分為六十一卷。

羅叉一到龜茲，佛圖舌彌就建議什師，從羅叉學《十誦律》必大有助益，耆婆也極力主張什師修學《十誦律》。於是，什師以羅叉為師，誦讀《十誦律》數月，漸至精熟。可見什師在戒學方面也有相當之學養。

不久，什師母親耆婆決心到佛教之發源地天竺修行。他辭別龜茲王前對他說：「龜茲國運不久後就會衰微了。」

當他要動身前往天竺時，又對什師說：「大乘方等的甚深教法，要傳揚到東土(中國)有賴於你的學養及能力；但是，這件事對你而言卻沒有絲毫利益。你打算怎麼辦呢？」

什師回答：「大乘菩薩之道，要利益別人而忘卻自己；假如我能夠使佛陀的教化流傳，使迷惘的眾生醒悟，即使我會受到火爐湯鑊的苦楚，我也沒有絲毫怨恨。」由什師的答覆，可以感受到什師為法忘身、捨己為人的佛教大乘精神。

至此，耆婆完全放心。經他苦心教導及培養，加上什師自己的天資與努力；如今，什師已成為能承擔佛陀家業的比丘，有著弘法的大願、崇高的目標、堅韌的意志、捨身的精神。有子如此，他便能專心修行了。

因此，他告別兒子與故鄉，再一次越過蔥嶺，往天竺求法；此度比前次更加精進，據稱他已證得三果。

什師則繼續留在王新寺，誦經說法不輟。某一天，他在佛寺的舊廂房發現《放光經》。

《放光經》亦即《放光般若經》，是在西晉時期較早傳譯到中國的大品般若經典，經中系統闡述了般若學的基本思想，包括性空、諸法如幻、諸法皆假名、方便、二諦、法性等思想。如其〈放光品第一〉，便點出了「空」與「般若波羅蜜」之關聯：

菩薩摩訶薩欲住內空、外空、大空、最空、空空、有為空、無為空、至竟空、無限空、所有空、自性空、一切諸法空、無所猗空、無所有空。欲知是空事法者，當學般若波羅蜜。菩薩摩訶薩，欲覺知一切諸佛諸法如者，當學般若波羅蜜；欲知一切諸法性者，當學般若波羅蜜；欲知一切諸法真際者，當學般若波羅蜜。舍利弗！菩薩摩訶薩如是，為行般若波羅蜜，當作是住。

《放光般若經》的傳入漢地

談到《放光般若經》傳入中國的過程，就要從中國第一位西行求法、也是中國第一位依律受戒的僧人——朱士行法師說起。

朱士行，曹魏穎川人。據傳其為人正直、愛憎分明、性格剛烈，意志堅定、操行方正，少年時就有悟性和遠大的抱負，脫俗而不隨波逐流；出家之後，便以弘揚佛法為己任，專心致志地研究所接觸到的佛經。

在佛法初來中國之際，戒法尚未傳入，因此當時的出家眾頂多只有受三皈依而沒有受戒。直到曹魏嘉平年中，曇柯迦羅傳來《僧祇戒本》、並創行羯磨受戒後，朱士行法師才依法出家，成為中國第一位真正的受戒比丘。

漢靈帝時，竺佛朔翻譯《道行經》，也就是《小品般若經》

的舊譯。這個譯本的語句簡略，文義也有缺漏。朱士行法師曾於魏甘露二年在洛陽講《道行經》，覺得許多文句沒有翻譯出來，時常感嘆：「《道行經》是大乘佛教的重要經典，但這個譯本義理不盡。我發誓要赴西域求取完整的經文，即使以生命為代價亦在所不惜！」

於是，朱士行法師於魏甘露五年（二六〇年）自雍州長安（今西安）出發，路過陝西、甘肅，又向西經絲路南道跨過新疆白龍堆沙漠，終於來到于闐國（今新疆和闐），而且得到了梵文本的《放光般若經》，全書共九十章，六十餘萬字（二萬五千頌）。

然而，好不容易取得的經書，卻因受到當地聲聞徒眾的種種阻撓，未能將經本很快送出；過了一、二十年，直到太康三年（二八二年），才由他的弟子弗如檀等十人送回洛陽。朱士行法師本人卻由於種種原因，未能與弟子一同東歸，終生留在西域，八十歲時因病入滅。

之所以未能盡早將經本送回洛陽，乃是因為于闐國許多小乘佛教的信眾對國王說：「漢族的僧人準備用婆羅門教的邪書來惑亂正典。您身為國王，若是不禁止這件事情，就會惑亂佛教的妙法，使漢地的人們不知道什麼是真正的正法，如此一來就是您的過錯啊！」於是，于闐國王下令不准帶經出境。

朱士行法師非常痛心，於是請求國王允許燒經為證。人們在大殿前堆柴、點火，朱士行法師站在火前發誓：「如果大乘深妙之法能夠流傳漢地，此經書丟到火裡也不會燒毀；如果經書被焚，因而無法送回漢地，亦是命也！」說罷，便將經書投入火中。

令人驚歎的是，大火立即熄滅，經本連一個字也沒有燒毀，皮牒（皮製的書頁）還像原來的一樣，甚至更加光鮮。眾人既訝異、又敬佩，都說這是佛菩薩的感應。於是，于闐國王答應將經書傳往中國。

經書送回洛陽後，元康元年（西元二九一年）才由無羅叉執梵本、竺叔蘭口傳、祝太玄、周玄明筆受完成，將梵文譯成漢文，命名為《放光般若波羅蜜經》。翻譯後風行京華，研習者奉為圭臬。藉《放光》弘揚般若學說，對當時義學影響很大。

奇怪的是，當什師要開始誦讀時，經書的文字竟然消失不見了！什師知道，這應是有「魔」來干擾。

「魔」，為梵語mara（魔羅）之音譯，舊譯為「磨」，意譯則有殺者、奪命、能奪命者、障礙等義。《大毗婆沙論．卷一九七》云「以諸煩惱害善法，故說名為魔。」《大智度論．卷五》云：「奪慧命，壞道法，功德善本，是故名為魔。」《大方廣佛華嚴經．卷第五十八．離世間品第三十八之六》則舉出十種魔：

菩薩摩訶薩有十種魔。何等為十？所謂：蘊魔，生諸取故；煩惱魔，恆雜染故；業魔，能障礙故；心魔，起高慢故；死魔，舍生處故；天魔，自憍縱故；善根魔，恆執取故；三昧魔，久耽味故；善知識魔，起著心故；菩提法智魔，不願捨離故。是為十。

總而言之，就大乘佛法來說，「魔」往往並非外來的干擾，更多的是自身修行時所產生的諸般障礙。

雖然有「魔」擾，什師誦讀經典的意志卻未嘗動搖，經書上的文字便顯現了。什師開始讀經後，卻又聽到空中傳來：「你是有智慧的人，怎麼需要讀《放光經》呢？」什師說：「你是小魔，應該迅速離去！我的心意如同大地，絲毫不會動搖。」什師如如不動的態度，讓這些干擾的障礙就此不再出現。

什師在龜茲國讀誦了許多大乘的經論，經過兩年的光陰，已能通達大乘教法的精妙奧義。

引槃頭達多入大乘

為了表示對什師的尊崇，龜茲王建造了金獅子座，上面鋪著來自大秦（即羅馬帝國）的錦繡坐褥，恭請什師升座說法。

但是，什師卻有別的打算：「我在罽賓國的槃頭達多師父尚未體悟大乘妙義，我想親自前往為他解說，所以我不能久留此地。」

什師之所以欲前往罽賓，或許有兩個原因。第一，罽賓是西域小乘佛教的中心，而槃頭達多精通小乘三藏，獨步當時；若能讓他由小乘改宗大乘，這對於宣揚大乘而言，會有相當大的影響力。

第二，在宗教實踐上，大乘強調利他，度一切眾生至彼岸。什師懷有弘揚大乘、度無數人的崇高理想，他想前往罽賓對老師解說大乘法義，一是度人、二是報師恩，體現出可貴的實踐精神。

幸運的是，過了不久，槃頭達多竟不遠千里來到龜茲國。國王問槃頭達多：「您為何從遙遠的地方來到本國？」槃頭達多說：「一來聽說我的弟子鳩摩羅什對佛法有非凡的體悟，二來聽說大王極力弘揚佛法，所以冒著跋涉山川的艱辛，專程前來。」

師徒相見，寒暄之後，槃頭達多詢問什師：「你崇尚大乘的經典，是否曾見到什麼妙義？」

什師回答：「大乘的道理比較深奧，闡明我空、法空的真正空義；小乘偏於局部的真理，有許多缺失。」

得此難得因緣，什師便先為師父講解《有德女所問經》。從前師徒曾讀過此經，但二人都不相信該經的因緣、空、假之義理；所以他便先為師父宣說本經，藉由釐清過去的誤解，以破迷啟悟。

《有德女所問經》這部經旨在顯揚大乘思想，內容敘述佛陀為有德女宣講十二因緣，並解說無明本無自性，凡愚迷倒，造業受苦；如來為隨順世間，乃假藉世間名字宣說第一義諦，欲令眾生悟解：

有德女，第一義者，亦隨世間而立名字。何以故？實義之中能覺所覺，一切皆悉不可得故。有德女，譬如諸佛化作於人，此所化人，復更化作種種諸物；其所化人虛誑不實，所化之物亦無實事。此亦如是，所造諸業虛誑不實，從業有生亦無實事。

有德女聞言，了知佛所轉法輪實為虛空法輪、出離法輪、無相法輪，而如實了悟諸法實相、空無自性，遂得佛授記，未來成佛。

槃頭達多說：「你認為一切法皆空，這樣的想法非常可怕啊！哪有捨離『有法』而修習『空義』的呢？這就像有個寓言所說的：從前有一個狂妄的人，命令織匠造出最細的絲綿；那位織匠別出心裁，特意織出像微塵般的細絲，狂人竟然還嫌太粗。織匠因此勃然大怒，心生一計，乾脆指著了無一物的空中說：『這是最細的絲綿！』狂人疑惑地問：『為什麼我看不見呢？』織匠說：『這絲綿非常細緻，像我這麼優秀的織匠也看不見，何況是別人呢？』狂人聽後反而喜悅萬分，便付極高的報酬給織匠，實際上卻一無所得。現在你所說的空法，就像這則寓言一樣。」

同樣的質疑，其實也出現在龍樹所著的《中論 · 觀四諦品第二十四》中：

> 若一切皆空，無生亦無滅；如是則無有，四聖諦之法。
> 以無四諦故，見苦與斷集；證滅及修道，如是事皆無。
> 以是事無故，則無四道果；無有四果故，得向者亦無。
> 若無八賢聖，則無有僧寶；以無四諦故，亦無有法寶。
> 以無法僧寶，亦無有佛寶。如是說空者，是則破三寶。
> 空法壞因果，亦壞於罪福；亦復悉毀壞，一切世俗法。

簡言之，「一切法空」的思想，往往會受質疑：「若主張一切法空，最後將導致佛、法、僧三寶的蕩然無存，而整個佛教也將為之灰飛煙滅！」

「反對者」對此「一切法空」的思想提出兩種批判：第一是從宗教實踐的立場上，批判這種思想會毀壞三寶；第二則是就世俗生活來看，批判「一切法空」會摧毀社會的諸般生活習慣。

不過，大乘的空義，當然不能以像是「國王的新衣」般的寓言來理解！什師苦口婆心，連番比喻而娓娓論述大乘妙義，師徒之間往來辯論一個多月，終於說服了槃頭達多。

槃頭達多領悟後讚歎道：「師父未能通達，徒弟反而啟發師父的心智見識，這話在今天得到證實。」

他便向什師頂禮，說道：「我雖是和尚小乘的師父，和尚是我大乘的師父！」槃頭達多並不自恃身分，而稱與什師互為師徒，因而傳為佳話，由此亦可想見槃頭達多人格之超凡不俗。

什師的神思俊才，整個西域僧俗人人欽服；每年舉行講經說法，西域諸王都雲集聞法，並長跪在什師的法座旁邊，讓什師踏著登上法座。什師地位之崇高，由此可見一斑。

什師之名聲傳遍西域，也傳至當時戰亂頻仍的漢地……

第四章　飄零・受辱

見年齒尚少，乃凡人戲之，強妻以龜茲王女。

漢宣帝神爵二年（西元前六十年），漢朝在龜茲東烏壘城設西域都護；但後來因路途遙遠，漢朝鞭長莫及，龜茲亦叛順無常。

三國時，龜茲屬魏管轄。西晉晉武帝太康元年（西元二八〇年），龜茲王派遣王子到宮中入侍，表示效忠。直到隋朝，龜茲便在北方少數民族與漢人王朝之間搖擺不定。

呂光征龜茲

在前面的「緣起」中提到，前秦苻堅要求龜茲讓什師赴漢地遭到拒絕。建元十八年（西元三八二年），苻堅便派呂光領七萬大軍征伐不服前秦要求的龜茲，並於次年正月出發。臨行前，苻堅還特別囑咐呂光，攻克龜茲之後，要趕快護送什師返國。

就《高僧傳》的記載來看，呂光在什師的生命中可算是個居於轉捩點的「重要」人物——雖然是負面的。

據傳所載，呂光出生的當夜出現了奇光，大家都覺得這是異象，便給這小孩取了個「光」字，也就是呂光。當然，像呂光這般出生時發生異象的說法，在中國史書裡不乏例子。

呂光自幼便有氐人基因，所以生來強壯威武。當他幼年時便已展現其軍事能力，十歲時與其他小童一起玩耍時就創制戰爭陣法，同年的人便都推舉其當領導者；而呂光處事公允，更令眾小童佩服。

呂光高八尺四寸，雙目重瞳；為人沉著堅毅，凝重且寬大有度量，喜怒不形於色，故王猛對他頗為賞識，稱「此非常人」，並將他推薦給苻堅。苻堅之後以呂光為美陽令，他在任內甚得當地人民愛戴。後因屢立戰功，苻堅就派遣他出兵西域。

呂光率領部隊行進到高昌（今新疆吐魯番東南）的時候，得知苻堅對東晉發動了淝水之戰，原想停下來等候下一步的命令，但部將杜進對他說：「您接受的命令是去征討西方，應當儘快執行任務，還停留在這裡做什麼？」呂光於是率領軍隊繼續前進。

呂光的軍隊還未抵達龜茲，消息早已傳到。得知大軍即將進犯的什師告訴龜茲王白純：「龜茲國運衰微了，將有強敵從東方攻來，您應該恭敬迎接，不要派兵反抗。」

但是，白純不聽勸告，率軍奮力抵抗；同時，因龜茲求援，周圍的幾十個小國家也聯合起來救援龜茲。據《晉書》所載：「帛純乃傾國財寶請救獪胡。獪胡弟吶龍、侯將馗率騎二十餘萬，並引溫宿、尉頭等國王，合七十餘萬以救之。」

在抵達龜茲前，呂光的軍隊在水草匱乏的情況下，仍平定了沿途各國；面對西域諸國聯軍，呂光還是用僅幾萬人的軍隊，打敗了七十多萬人的聯合軍隊。西域各國見呂光的軍隊實在是太厲害，紛紛向他表示臣服，白純也因此遭到殺身之禍。

龜茲聯合獪胡、溫宿、尉頭等國七十餘萬軍力，呂光才七萬，如何戰勝呢？依《晉書》記載：「光曰：『彼眾我寡，營又相遠，勢分力散，非良策也。』於是遷營相接陣，為勾鎖之法，精騎為遊軍，彌縫其闕。戰於城西，大敗之，斬萬餘級。帛純收其珍寶而走，王侯降者三十餘國。」

原來，呂光乃是以「勾鎖之法」，讓相對少數的兵力發揮最大的效能，方能以寡擊眾。由此可看出呂光之善於用兵。

什師的祖國遭兵馬之災，這段際遇實與佛陀相似。據《增一阿含經》所載，佛陀釋迦牟尼曾四度阻憍薩羅國琉璃王子攻佔祖國釋迦族迦毗羅衛城；不同之處在於，什師並非去勸阻呂光，而是向白純勸降。

琉璃王屠城時，佛弟子中「神通第一」的摩訶目犍連，以神力將釋迦族五百人攝入缽裡，盼能逃過殺戮；然而，屠城之後，缽中族人竟全化為血水。目犍連問佛陀為何，佛陀答曰：「神通不敵業力。」

連「神通第一」的目犍連及佛陀都不能違反業力，什師又豈有能力扭轉乾坤？

什師應該也深知龜茲在劫難逃，才會建議白純臣服，以將傷亡及損失降至最低；因為，母親耆婆獨往天竺前，已似有先見之明地勸誡白純，更預告了什師前往東土弘法時可能面臨坎坷命運。

不過，若依史書所言，呂光這次西征，除了征討龜茲外，還有文化交流上的成果。

當時雖然各國爭鬥不休，但都信仰佛教；佛教對於漢地及西域各國及民族的融合和文化融合，可說有著積極作用。呂光平定西域，是漢代以來中原文化又一次大規模進入西域的重要事件，影響深遠；呂光的以寡擊眾，亦顯示了中原經濟、文化及軍事力量的強大。

諸小國深感漢地軍隊文明，不任意殺戮搶掠，便將漢朝所賜、表示權力的節杖和文書都拿來證明身分，以示與前秦通好；呂光一一給他們都上表朝廷，更換了新的及節杖與文書。如《資治通鑑．晉紀二十七》所載：「光撫寧西域，威恩甚著；遠方諸國，前世所不能服者，皆來歸附；上漢所賜節傳，光皆表而易之。」

五胡十六國之後統一中國北方的北魏，後來之所以能夠與西域經常保持往來，西域各國定期朝貢，以及佛教在北魏盛行，都和這次苻堅派呂光通西域有關。

橫遭欺凌

攻克龜茲的呂光自是意氣風發；白純既已身死，他便另立白純之弟白震為龜茲王。

國既已破，什師當然也落入了呂光手中。據傳記所載，由於什師年紀尚輕，呂光雖有軍事才華，其他學問卻可能不甚了了，遑論高深的佛學。由於不知什師智慧的高深，據《高僧傳》所載，呂光並沒有遵從苻堅的吩咐，對其隆重禮遇並盡快安排送回長安事宜，反而將他當成普通人地戲弄——或應說帶著輕視吧……

只是，呂光對什師的「戲弄」可說相當過分，說是「霸凌」都不為過。例如，不時捉弄什師、讓他出糗，像是命令什師騎猛牛和乘惡馬，只為了想看他從牛背和馬背掉落的滑稽相。

然而，比起這些「戲弄」，最嚴重的應該是強迫身為出家人的什師破戒——與「龜茲王女」成親！

更何況，此處的「龜茲王女」可能為白純或白震的女兒；不論是誰，或許都與什師有某種程度的血緣關係……

對此，什師當然認為萬萬不可，因此苦苦請求呂光收回成命。呂光應該聽聞過什師的父親原本要出家、後來卻被迫娶妻一事，此時便成為揶揄什師的話柄：「令尊不也是原本要出家，卻還是娶妻生子了嗎？閣下的操守不應該超越令尊吧？」

為了讓堅決不肯成親的什師就範，呂光更拿出了不甚入流的方法——或許是其下屬的提議——用酒灌醉什師，並將他跟公主一同關在戒備森嚴、難以逃脫的房間，令什師因此破戒。

若單純僅就什師在酒醉情況下的行為來看，他乃因而被迫犯了淫戒與飲酒戒。

關於什師的傳記大多會提到，當年有一位羅漢曾在北月氏山所道出的一段預言：「常當守護。此沙彌若至三十五歲仍未破戒，當大興佛法，度無數人，與優波掘多無異；若戒不全，無能為也。」來說明羅漢似乎預見了什師的破戒之厄。

然而，什師在呂光的脅迫下「被破戒」之時，已是他四十歲的時候（三四四至三八四年）；所以，嚴格說起來，什師並沒有在三十五歲前破戒，其之後的成就難道不能說是「大興佛法、度無數人」嗎？

佛教的「戒律」

佛陀所制定之戒律可粗分為「性戒」及「遮戒」。

所謂「性戒」，是指針對「本質性的罪惡」而制定的戒律。性戒所規定的內容，不論是不是佛陀制定的，也不管是否為佛教徒，只要違犯了性戒，就要感召未來的三途惡果。五戒中的前四戒就屬於性戒範疇。

這些戒律是根本的道德信條和修行規範，防護持戒者不惱害他人、不障礙自身修行，在本質上就不應該違犯，並非因為佛陀釋迦牟尼規定才存在。違犯性戒的行為，稱為性罪，又稱自性罪。

所謂「遮戒」，是由佛陀親自制定、只有佛教徒才遵行的戒律；五戒中的「不飲酒」戒，就屬於「遮戒」範疇。

「遮戒」乃佛陀因事、因地所制之戒，通常較性戒為輕；即一般社會不認為罪惡，但佛教為防止世人譏嫌，以及避免由此引發其他犯罪，故制此戒。例如飲酒，便是因飲酒多有過失，能犯諸戒，所以佛陀特意遮止，令不毀犯，乃能守護其餘之律儀；若犯遮戒，則稱遮罪。

「性戒」自然是佛法和世間法都不得違犯的戒條，這些戒律是根本的道德信條和修行規範，防護持戒者不惱害他人、不障礙自身修行，在本質上就不應該違犯，並非因為佛陀釋迦牟尼規定才存在。除殺、盜、淫、妄語等四波羅夷（梵語 pārājika，意為根本重罪）外，其他諸戒皆屬遮戒。

只不過，「遮戒」雖說只是佛教徒所遵守的，但是違犯了「遮戒」是很容易引發違犯「性戒」的。

至於什師所涉及之「淫戒」，可分為兩種：一是「自淫他」，凡有淫欲心，便犯波羅夷；二是「他淫自」，凡為怨家及強暴所逼，或在睡眠時，他來行淫，有一念受樂之感，便犯波羅夷罪。比丘尼則改為主動受他行淫，即犯波羅夷；被逼強暴受人行淫，有一時受樂，亦犯波羅夷。

以上四根本性戒又稱為「四棄法」；如若犯破其中的任何一條，即被棄於佛法大海的邊外，終身不得再做比丘、比丘尼。然而也各有其「開緣」——某些情況下例外。就淫戒而言：若睡眠無所覺知，他人來在自己身上行淫；若被逼行淫而不受樂；若一切無有淫意；若為癡狂心亂痛惱所纏者，均不算犯。

由這些規定可以看出，是否破戒，還要看行為主體是否有無淫欲心及樂感而定。因此，受迫的什師是否犯戒呢？是可以再行商榷的。

比起被逼破戒，其他的惡意欺凌嘲弄，反倒是「小意思」了；什師能行「忍辱波羅蜜」，絲毫沒有怒色。

看到什師總是逆來順受，呂光大概也為自己的「幼稚」行徑感到慚愧，才停止輕慢的行為。

不過，若由其他的文獻來看呂光這個人，不免讓人懷疑：這樣的名將，有可能羞辱高僧，甚至強迫其破戒嗎？更何況，這位高僧是國君叮囑務必恭請回國的「國之大寶」？

或許，傳記所言可能只是謠傳。據研究，六朝時代，鬼神靈異之說相當流行，有不少遺聞逸事流傳，志怪筆記、雜史小說之類的作品相當多。置身於那般著述風氣中的慧皎，其所編寫的《高僧傳》，用意乃在於傳述這些高僧的行誼、並以其修為與學說教化世人，本來便不重視其文學價值；此外，書中所記載的，也收進了頗多野史軼聞以及神怪事蹟。因此，「謠傳」之推論，實不無可能。

呂光雖是一介武夫，但已官拜大將軍，而且又是苻堅所倚重的人才，他真的會那麼粗暴嗎？《晉書》裡，苻堅曾說呂光「忠孝方正」；段龜龍所撰《涼記》中稱呂光：「性沉重，質略寬大有度量，時人莫之識，唯王猛布衣異之，云此非凡人。」《十六國春秋纂錄》中說呂光：「沉毅凝重，寬簡有大量。」由此看來，即使他有可能心中嫉賢，卻也不至於做出毀壞僧寶的惡行才是。

換言之，也許呂光不像苻堅那般尊崇佛法，但依他「寬簡有大量」的性情，連捉弄、羞辱名僧什師亦有違常理，其本人「強迫什師破戒」之說乃為謠傳的可能性頗高。

什師顯「神通」

苻堅得知呂光征服西域的消息，隨即任命其為使持節、散騎常侍、都督玉門以西諸軍事、安西將軍、西域校尉，封順鄉侯；但是，因前秦於淝水之戰後國內大亂而道路不通，導致苻堅的任命未能傳達龜茲。

雖然沒接到苻堅的旨意，但呂光本來便有留在龜茲的打算；但是，除了受到什師勸阻，部眾們也想回到中原，於是便班師回國。

著實造化弄人：如果苻堅的任命順利抵達，呂光可能與什師就此留在龜茲，或許也未能東來弘法。

而在返回中原的過程中，呂光才逐漸見識到什師的智慧。

呂光率軍返國，中途在山下紮營休息。什師卻向呂光建言：「不可以在此地停留，否則全軍將士必定狼狽不堪，應該把軍隊遷往高原上。」

呂光哪裡會聽從一個自己所輕視、又「不懂軍事」的出家人之建議？當然毫不理睬，依然故我。

當天晚上，果然大雨滂沱，山洪暴發，積水有數丈深，將士死亡有數千人。此時，呂光總算瞭解到什師的「神異」之處。

什師又對呂光說：「這凶險死亡的地方，不宜久留。推算時運和定數，您應趕快率兵返國，中途一定可發現福地，適合居住。」有過之前的「靈驗」，呂光不敢不聽從什師的建議，便迅速率軍離開。

這其實算不上「神異」。就如傳說諸葛孔明之「借東風」，只要具有某種程度的自然知識就可以判斷。當然，這也得什師曾廣泛修習諸般學問才行。

忍辱波羅蜜

什師對於呂光的羞辱似乎絲毫不放在心上，甚至對呂光有所建言，實是「忍辱波羅蜜」的展現。

大乘佛教中有六波羅蜜（ṣaḍ-pāramitā）的修行法門，為行菩薩道者所必修，分別是：布施、持戒、忍辱、精進、禪定、般若，正好對治人性的慳貪、禁戒、瞋恚、懈怠、散亂及愚癡。

「波羅蜜」（pāramitā）意為「到彼岸」；這六種法門，可以讓眾生從生死苦惱的此岸度至涅槃寂靜的彼岸，所以稱為「六波羅蜜」。其義簡要說明如下——

布施（dāna-pāramitā，檀波羅蜜、檀那波羅蜜）：由修行布施，能對治慳吝、貪愛煩惱，利樂眾生。除了金錢與物質的布施（財施）外，還包括佛法的宣說（法施）和安定他人的恐懼（無畏施）。

布施波羅蜜強調「三輪體空」——施者、受施者、所施物亦皆是緣起性空，故無所執著，此實亦為般若波羅蜜的實踐。在什師所譯的《金剛經》中，便對菩薩的「無相布施」有所說明：

復次，須菩提！菩薩於法，應無所住，行於布施，所謂不住色布施，不住聲香味觸法布施。須菩提！菩薩應如是布施，不住於相。何以故？若菩薩不住相布施，其福德不可思量。

持戒（śīla-pāramitā，尸波羅蜜、尸羅波羅蜜）：由修習一切戒法和善法，能斷身口意一切惡業。大乘行者除四眾之根本律儀──「攝律儀戒」外，尚須持守「攝善法戒」與「饒益有情戒」；「攝律儀戒」是遵守佛法不作諸惡，「攝善法戒」是奉行一切之善，「饒益有情戒」是廣修一切善法以利益眾生。

忍辱（kṣānti-pāramitā，羼提波羅蜜）：菩薩能安於一切逆境，藉以斷除瞋恚煩惱。逆境包括生忍和法忍，如《出六度集經》云：

忍辱有二種。一者生忍，謂於恭敬供養中，不生憍逸；於瞋罵打害中，不生怨恨也。二者法忍，謂於寒熱風雨饑渴等法惱害之時，能安能忍。

《金剛經》中對忍辱波羅蜜亦有所強調。佛陀舉其過去生的遭遇為例：佛陀有一世為忍辱仙人，歌利王命人肢解他的身體，他一點也沒起瞋心；因為他對自己的身心無執著，對眾生的煩惱行為亦無執著；在因緣和合的假相中，不認為有我、有眾生、以及眾生所做出的惱害行為，因此也沒有「忍辱」的想法。如經所云：「知一切法無我，得成於忍。」「須菩提！忍辱波羅蜜，如來說非忍辱波羅蜜，是名忍辱波羅蜜。」

精進（vīrya-pāramitā，毗梨耶波羅蜜）：菩薩精勤地修一切善、斷一切惡，能對治懈怠，又包括身精進與心精進，如《大智度論・卷八十》云：

精進者，謂心練於法而不懈怠。如法致財而用於布施等，為身精進；斷慳貪等惡心，使不得入者，為心精進。

禪定（dhyāna-pāramitā，禪度波羅蜜、禪那波羅蜜）：又名「靜慮」或「定」，亦即思維佛法、調伏眼耳鼻舌身等諸根，止息雜念，藉此對治散亂。

般若（prajñā-pāramitā，智慧、般若波羅蜜）：菩薩修行般若以破除、遠離「無明和愚癡」，令諸煩惱不得自在，能對治癡迷無明。

為何強調「忍辱」？這就要先說明其對治的對象「瞋怒」了。《大智度論．卷一四》云「瞋」乃「貪、瞋、癡」三毒之最：

> 復次，諸煩惱中，瞋為最重；不善報中，瞋報最大。……瞋為吞滅諸善、毒害一切。……若有瞋恚自滅樂利，云何能令眾生得樂？復次，諸佛菩薩以大悲為本，從悲而出，瞋為滅悲之毒。……當觀瞋恚其咎最深，三毒之中無重此者。

寒山詩亦云：「瞋是心中火，能燒功德林；欲行菩薩道，忍辱護真心。」可見瞋怒對於自身與他人傷害之深。什師當時不知是否已讀過《金剛經》及《大智度論》，不過應該讀誦過相關的般若經論；其面對橫逆的態度，正是忍辱波羅蜜的展現。

苻堅被弒、呂光稱王

前面提過，在淝水之戰中，苻堅大敗，前秦因此陷入混亂。在此役中，苻堅以姚萇為龍驤將軍，督益、梁二州諸軍事，命其從蜀地率軍進攻東晉西方，更說：「朕昔日就是以龍驤將軍建立大業，這個將軍號從來都沒有改授他人，今天特別對你授予此號，山南之事都交給你了。」可見其對姚萇之器重。

苻堅於淝水之戰大敗後，姚萇隨其返回長安。卻因慕容泓及慕容垂的起兵叛亂，苻堅的處置不當並遷怒姚萇，導致姚萇叛變，自號「萬年秦王」，並與慕容沖聯合，擊敗苻堅。

苻堅為慕容沖所逼，逃出長安；姚萇遣將圍擒苻堅，並將他縊殺於新平（今陝西彬縣）。姚萇於西元三八六年稱帝，創立「後秦」政權，建都長安。

當呂光大軍攜大量戰利品回到涼州（今甘肅省武威縣）時，因國家崩亂，涼州刺史梁熙遣兵拒呂光。憤怒的呂光擊敗梁熙軍隊，攻入武威；並殺梁熙，自任涼州刺史。

後來，呂光得知苻堅被害的消息，向著長安方向奮怒哀號，下令三軍縞素（服喪），大臨於姑臧城南，遙祭苻堅，謚之曰「文昭皇帝」，官員百石（俸祿）以上服斬縗三月，平民百姓哭泣三日。

呂光隆重治苻堅之喪，不是沒有原因。先前，無人知曉呂光的長才，只有王猛看出他的與眾不同：「此非常人。」並告訴苻堅，苻堅因而拔擢他為鷹揚將軍。苻堅派堂兄苻重鎮守洛陽，便以呂光為洛陽長史（幕僚首長）。後來符重謀反，苻堅知悉後說：「呂光忠孝方正，必不同也。」可見對呂光之信任。苻堅平山東後，命呂光討西域，給予大軍七萬，也是信任之舉。苻堅有恩於呂光，所以他為故主治喪極為隆重至誠。

治喪告一段落後，呂光大赦涼州全境，建年號為「太安」，自稱使持節、侍中、中外大都督，督隴右河西諸軍事、大將軍、領護匈奴中郎將、涼州牧、酒泉公。雖然仍名為苻秦大臣，實際上是涼州王，史稱「後涼」。

之所以稱為「涼州」，乃是因其地處西方、常為寒涼。南隔西羌、西通西域，戰略地位重要。這裡地廣人稀，山中宜畜牧，居民或來自關東的貧民，或是罪犯及其家屬，故習俗雜而不一。

由於涼州處於邊陲，當中央政權動盪、自顧不暇時，往往成為最宜割據獨立的地區。從西晉到前秦，其間換了九次主人，到苻堅才歸於前秦。

太安二年（西元三八七年）正月，姑臧這個地方颳起大風。什師預言：「不吉祥的大風，顯示將有叛亂發生，但不必勞師動眾，自然能平定！」果然，不久後呂光的部將梁謙及張掖太守彭晃相繼造反，很快就被平定了。

至呂光龍飛二年，張掖的臨松、盧水胡、渠男成、蒙遜等人造反，公推建康太守段業為盟主。

呂光即派遣愛妾所生的兒子——秦州刺史太原公呂纂，率領精兵五萬前往討伐。當時人人認為段業等只是烏合之眾，而呂纂擁有威望及兵力，勢必能夠平定亂事。

大概因為已知什師頗有先見之明，所以呂光滿懷信心去拜訪什師；什師卻說：「依我的觀察，此行並不能勝利歸來。」

想不到，果如什師所言，呂纂在合梨被打敗。後來，郭馨也起兵作亂，呂纂便率領大軍返回，又被郭馨打敗，全軍覆沒，呂纂只得棄甲歸國。

什師的「神預言」不只在軍事方面。呂光向來器重大臣張資，當他臥病在床，呂光十分焦急，延請許多名醫來為他醫治，但是藥石罔效。此時有一位國外的修行人，名叫羅叉，自稱能夠令張資病癒；呂光信以為真，便賞賜許多珍寶禮聘羅叉。

什師知道羅叉欺妄不實，就告知張資：「羅叉不能治癒你的病，只是徒勞無功罷了！人的運數雖然隱微不見，但可以某些現象來測知。」

什師用五色絲結繩，然後焚燒成灰，再投進水中，告訴呂光：如果灰末浮出水面，又聚合成絲繩的原貌，顯示張資的病不能痊癒。剎那間，只見繩灰浮聚在水面，又結合成原來絲繩的模樣。

果然如什師所言，張資服用了幾天藥劑後，仍然不治病故。

在《高僧傳》中記載這些什師的預言，或許是要展現什師的先見之明甚或神通；也有可能意在說明：什師這位精熟佛法、辯才無礙的西域高僧，在呂光及其後繼者眼中，只是一個善於「占卜」、能為其預言運勢的僧人罷了……

呂光辭世

晉安帝隆安三年（三九九年）十二月，呂光病重，立太子紹為天王，自號太上皇帝，以呂纂為太尉，呂弘為司徒，告誡諸子「兄弟緝穆」，「若內自相圖，則禍不旋踵」。此月，呂光病逝。誰知道，父親屍骨未寒，呂纂便殺紹自立，改元為咸寧。

雖然換了君主，什師的際遇並未變得較好，似乎仍只是君主徵詢「預言」而非佛法的僧人罷了。

呂纂咸寧二年，怪事連連。先是發現一隻母豬生下小豬，一身三頭。某夜裡有飛龍從東廂的井中出現，而爬到大殿前蟠臥，等到天亮時就消失了，呂纂認為這是一種祥瑞，所以稱大殿為龍翔殿。不久，又傳來有黑龍在九宮門飛躍的消息，於是呂纂又把九宮門改為龍興門。

什師對這些異象卻有不同看法。他對呂纂說：「近日妖豬出現，是象徵怪異的事將發生。潛龍出遊，也不是吉祥。龍屬於陰類，出入有定時，但是近時常常出現，象徵災害要來臨，一定會發生部下篡位的事，你應克己修德來挽回天運。」呂纂卻不採納忠告。

之後有一天，呂纂和什師下棋。呂纂吃掉一顆什師的棋子，呂纂說：「殺胡奴頭。」什師卻回答：「不能殺胡奴頭，胡奴將殺人頭。」什師的話似有影射之意，但是呂纂未能醒悟。

原來，呂光弟呂寶的兒子名超，小字「胡奴」。呂光死後，嫡子呂紹嗣位；呂超數次勸呂紹除去呂纂，但呂紹不許。呂纂之後發動兵變，呂超率兵兩千協助呂紹抵禦；呂紹不敵而自殺，呂超出走。呂纂篡位後，卻稱呂超為忠臣；超上疏陳謝，纂恢復其爵位。

晉安帝隆安五年（四〇一年）二月，呂超擅自討伐鮮卑思盤，呂纂召超入朝並予以怒斥，超低頭認錯。纂宴請超及諸臣於內殿，呂隆不斷勸纂飲酒，直至醺醉，便帶著呂超等人遊於內苑；呂纂的親信當時將劍靠在牆上，超飛步上前將劍搶過，刺殺呂纂，並斬其首。

什師當初謂「不能斫胡奴頭，胡奴將斫人頭」，呂纂之頭果然被「胡奴」

呂超所斬，並擁立兄長呂隆為帝。此時，大家才恍然大悟什師的預言。據傳所載，什師在後涼數年，但「呂光父子既不弘道，故蘊其深解，無所宣化。」換言之，除了為君主預言吉凶，什師在後涼期間可說一無所成。

什師據載能預言吉凶，可能有兩個因素。一是史籍或許記載誇大，二是什師確實知識廣泛，包括星相、氣候、地形、軍事、政治、心理等，皆有所研究與洞見。

卻也因為此一預言之「長才」，什師在涼州住了十多年，雖然得到禮遇，卻主要被視為精通占卜的術士；至於弘揚佛法，呂氏政權則是無意支持。

不過，什師在這十餘年中，學習漢語，熟練掌握中原漢文化，卻也為他後來在長安的譯經活動打下了扎實基礎。

坎坷的際遇

漢地的統治者對於西域東來傳法的高僧，基本上有兩種態度。一種是統治者的文化程度較高，例如東晉簡文帝司馬昱、前秦國主苻堅、後秦國主姚興，因本人受佛教影響較深，頗通佛理，能同高僧一起切磋義學，弘揚佛教文化。

另一種是統治者的文化素養較低，例如後趙國主石勒、石虎，後涼國主呂光，都茫然不解佛教文化，把佛教等同左道旁門，將西域高僧是為通曉陰陽術數的方士。西域高僧碰到二種不同的國主，待遇當然迥然有別。

在西域東來的高僧中，似乎找不出第二人比什師更困頓、更無望。以什師的龜茲前輩佛圖澄為例，其處境與什師有些相似。

佛圖澄於西晉末年至洛陽，正值戰爭頻仍、民不聊生，無奈下只好依後趙國主石勒、石虎。這兩個歷史上罕見的暴君，根本不信佛教。如果說他們容許佛教的存在，那也僅是從佛圖澄身上看到了佛教的「靈異」，佛圖澄成了「神僧」，並將佛教視為呼風喚雨的某種巫術罷了。

不過，佛圖澄弟子中頗多高僧、名僧——如當時的佛教領袖道安，表示他終究比什師幸運。此外，石勒、石虎尚能允許佛圖澄講經弘法，鄴中百姓半數信佛，大興佛寺。這比在涼州的什師「蘊其深解，無所宣化」強多了。

但是，果真如《高僧傳》所說，什師「無所宣化」嗎？卻又不盡然。

後涼雖不崇信佛法，但什師初到姑臧（武威）時，呂光欲籠絡什師為己所用，又想安定戰後人心，便在後涼建國之初的太安元年（三八六年），大興土木建羅什寺（今武威市北大街）。

什師在後涼為黷武的呂氏諸王所限，無法廣宣佛法、教化人心；卻在修習漢文漸有所成後，開始譯經。《續集古今佛道論衡．卷一》云：「呂光至涼州，聞秦主姚萇所害，光遂稱帝涼治姑臧。羅什在涼州譯出大華嚴經。」此處所言的《大華嚴經》應是《十地經》（相當於〈十地品〉）。可見什師此時已展開譯經工作。

此外，也有人說，什師在涼州譯了《彌勒下生經》——或有人言應是內容與《彌勒下生經》相似的《彌勒大成佛經》，並廣為宣揚；由後涼時期產出的泥塑彌勒佛像，可以得到印證。

此外，之後被什師讚為「秦人解空第一」的僧肇從長安奔姑臧，拜什師為師，應已開始協助什師的初期譯經事業了。

由此可知，在後涼的什師，或許真如《高僧傳》所載，呂光父子並「不弘道」；至於「無所宣化」，則不盡然。當然，後涼君主對於佛法不甚重視、導致什師有志難伸，則是肯定的。

呂光父子不重用什師，卻也不願放了他。後秦姚萇屢次邀什師入關；然而，呂光父子對什師之智識與「神算」頗為重視與忌憚，就算自己用不上，也不願他去協助敵人，因而不許他入關。

姚萇辭世、姚興繼位後，又遣使到後涼欲迎什師，依然受阻。

第五章　譯經・忍辱

大師聰明超悟，天下莫二；若一旦後世，何可使法種無嗣？遂以妓女十人逼令受之。

歷經在涼州的沉潛，什師終於迎來生命的轉捩點。據傳，後秦姚興弘始三年（西元四〇一年）三月，在廟庭的逍遙園，青蔥竟然變為香芷，這被公認為祥瑞，象徵著大德智人將會到來。同年五月，姚興派遣隴西碩德，西伐後涼呂隆，呂隆軍隊潰敗；至九月呂隆上表歸降，什師終於能前往關中。此時，他已五十八歲了。

親自參與譯經的君主

在五胡十六國的所有國主中，最有文化素養的非姚興莫屬。此時的中原，依《隋書．經籍志》云：「戰爭相尋，干戈是務；文教之盛，苻、姚而已。」也就是說，在五胡十六國那段戰亂紛擾的歲月裡，文教興盛之國只有苻堅時的前秦、姚興時的後秦。

若以苻、姚相比較，則姚興的文治更勝苻堅一籌。這位羌族的首領喜愛漢文化，深受漢文化的薰陶，並大力提倡漢化。

姚興在位二十二年，勤於政事，治國安民；重視發展經濟，興修水利，關心農事；並提倡佛教和儒學，廣建寺院。他先後消滅了前秦、西秦及後涼的勢力，平定中原西方，與北魏、東晉分庭抗禮。

他本人以身作則，厲行節儉，從不用裝飾華麗的車馬等器物；在姚興的領導之下，後秦上下崇尚簡樸，達官貴人也不敢奢侈浪費。這樣的風氣及舉措，對於貧富差異的緩和以及關隴地區經濟的恢復與發展，無疑相當是有助益的。

姚興繼承姚萇的政策，大力提倡儒學、興辦學校。當時，許多著名的學者雲集長安，講學授徒。姚興素以精通典籍聞名，政務之暇經常在內宮召見學者，和他們一起探討學問；其中的文采出眾者，便被姚興安排在身邊參管機密、起草詔書。姚興之所以提倡儒學，當然有其安定民間、鞏固政權的用意，但在客觀上亦對保存和發揚漢文化有所貢獻。

弘始三年十二月二十日，什師抵達長安；姚興萬分喜悅，以國師之禮待什師。

什師在涼州十餘年，因此通曉漢文；他發現舊時的漢文譯經與梵文原經出入甚大，遂向姚興建議重新譯經。

聽了什師的建議，姚興便敦請他到西明閣和逍遙園翻譯佛經，又遴選沙門僧契、僧遷、法欽、道流、道恆、道標、僧睿、僧肇等八百餘人參加譯場。

姚興不但為什師譯經提供種種方便，有時還親自參與翻譯。他讓什師持梵文經本譯成漢文，自己對照漢文原書，綜合理義，進行考校。

若論譯場的規模、國家之力的支持力度、以及君主的參與程度，前秦都不如後秦。後秦的譯場多由國主姚興親自組織、主持，以什師為首；什師弟子人才濟濟，文辭、義理修養甚高，能夠共同審訂梵漢文字。宏大的譯場，因而成為佛教文化的傳播所在、高等學術的研究論壇。如此規模空前的譯場，只有後來唐朝玄奘主持的譯場才能相比。

中國譯經簡史——什師之前

東漢明帝時，佛法傳至中國。歷經魏晉諸朝，漢譯的經典漸漸增多，但是翻譯的作品多不流暢，與梵本有所差距。

最早傳至中國的第一部佛經，相傳是迦葉摩騰及竺法蘭於白馬寺所譯的《四十二章經》。

至於早期東來中國翻譯佛經者有二人，一為西元一四七年來到東漢洛陽的西域安息國王子安世高，另一位是西元一六七年來到洛陽的西域月氏人支婁迦讖。

安世高是最早以漢文翻譯佛經的譯家，翻譯的主要為小乘經典，代表性的譯著有《安般守意經》、《陰持入經》、《人本欲生經》等說一切有部的經典。

支婁迦讖則是最早將大乘經典譯為漢文的譯家，主要的譯著包括《般若道行經》、《般舟三昧經》、《首楞嚴經》。

三世紀末期的敦煌地區，佛教信仰十分興盛，佛寺林立，佛像眾多，但經典都要從西域輸入；由於人力、交通、語言等條件的限制，很不完備。

西晉的竺法護下決心跟隨老師竺高座到西域各國遊歷學習；在此期間，他學習了西域各國的語言文字，搜集了大量的佛經原本回到晉土。

竺法護，其先祖為月支人，世居敦煌，八歲出家。晉武帝時，遊歷諸國，通三十六國語言，得到大量胡本佛經，攜歸中土，自敦煌至長安沿路傳譯。據僧祐《出三藏記集・卷十三》所載，竺法護譯出佛經總計為一百五十四部、三百餘卷，其中多數於長安譯出。後來立寺於長安青門外，精勤行道，聲蓋遠近，僧徒數千，宣隆佛教二十餘年。

竺法護生活的時代，戰爭頻仍，百姓流離失所；他在顛沛流離中致力於佛經翻譯和傳法數十年，翻譯了大量佛經。法護的譯本覆蓋面廣泛，包括《般若》經類、《華嚴》經類、《寶積》經類、《大集》經類、《涅槃》與《法華》經類，以及大乘律類、本生經類、西方撰述類等，種類繁多，幾乎涵括了當時西域流行的佛教要籍，為大乘佛教在中國的弘傳打開了廣闊的局面。

僧祐便對竺法護的翻譯貢獻給予了頗高的評價：「經法所以廣

流中華者，（法）護之力也。」

以國家之力組織譯場，則始於前秦。道安與祕書郎趙整共同主持長安譯場，譯出《婆須蜜》、《中阿含》、《增壹阿含》、《毗曇》、《三法度》、《阿毗曇八犍度論》等佛典。

東晉太元四年（三七九年），道安至長安，令長安的佛教影響力大增。

譯經事業的廣大與精微

長安佛教再度興盛，其原因可大致整理為三方面。首先是政權的支持。前面說過，五胡十六國君主中，苻堅與姚興最有文化素養，文治武功頗有可觀；苻堅信奉佛法，當然會大力護持及宣揚，姚興更是如此。

其次是道安駐錫長安。道安是繼佛圖澄之後北方僧團所公認的領袖，弟子眾多。苻堅非常重視道安，甚至告訴官員們「有疑皆師於安」，並由精通佛理的祕書郎趙整協助其弘揚佛法，道安儼然成為長安佛教界的領袖。

第三是中原與西域的交通暢通。前秦苻堅遣呂光平定西域後，漢地與西域的交通空前順暢，西域高僧得以紛紛來華，著名者如僧伽跋澄、曇摩難提、僧伽提婆、鳩摩羅跋提。國主、僧團領袖、西域高僧，三者共同致力於弘揚佛法，促使苻堅時長安佛法大盛。

後秦姚興時代的佛法興盛，可以視為苻堅崇佛文化政策的延續，是規模更大、學術層次更高、影響更深遠的佛教興盛高潮。這一高潮的到來，同樣是世俗政權、僧團領袖、西來僧侶三者的相互影響與激盪——

若無姚興，什師很有可能老死涼州，至終「無所宣化」；若無什師，長安學僧群龍無首，大乘佛教的重要經論可能不會在此時傳入中土。若佛陀耶舍、弗若多羅、曇摩流支、佛陀跋多羅等高僧不相繼東來，《十誦律》、《四分律》等重要佛典，不知會遲至何時譯出。天時、地利、人和因緣際會之下，共同開創了後秦長安佛教的輝煌。

首先，姚興所設的譯場規模之宏大，乃前所未見。據什師弟子所作的出經序，道出譯經時的人力：譯《大品般若》，名僧五百人；譯《大智度論》，集五百人；譯《法華經》，門徒八百餘人，四方義學僧二千餘人；譯《思益經》，集二千餘人；譯《維摩詰經》，集千二百人；譯《梵網經》，集三千餘僧；譯《十誦律》，集三千餘人。由此可見動員人力之眾，而且其學養皆非泛泛。姚興甚至會親自到場，手執舊經驗其得失。

道安之前，譯經多為私人事業，至多得到信仰佛教之官員的資助，規模較小，影響不甚深廣；道安在長安時期，譯場得到國家財力及人力的協助，與以前個人式的翻譯工作相較，有了質與量上的變化。

什師主持的譯場，比道安時代規模更大，國主、大臣也參與其中，千百僧人濟濟一堂，比對新舊、參訂異譯、考究義理，譯場彷佛成為譯經、講經的學術研究論壇。僧叡《大品經序》描述了當時的弘法盛況：「渭濱流祇洹之化，西明啟如來之心；逍遙集德義之僧，京城溢道詠之音。」僧祐《出三藏記集．卷三》略述東土的譯經歷史，於什師時期著墨甚多，稱什師「碩學鉤深，神鑒奧遠」；什師弟子則「時有生、融、影、叡、嚴、觀、恒、肇，皆領悟言前，詞潤珠玉；執筆承旨，任在伊人；故長安所譯，鬱為稱首。」可以想見當時譯場人文匯萃之風華。

其次，什師譯經卷帙浩繁，範圍廣泛。僧祐《出三藏記集．卷一四．鳩摩羅什傳》，謂什譯出佛經三十三部，三百餘卷；《歷代三寶記．卷八》謂什師出經九十七部，四百二十五卷。中國佛教史上最偉大的翻譯家前有什師，後有玄奘；玄奘譯經數量超過什師，什師譯經範圍之廣則勝於玄奘。

什師所主譯者包括：華嚴部有《十住經》，方等部有《彌勒成佛經》、《首楞嚴三昧經》、《維摩詰所說經》、《思益梵天所問經》，般若部有《摩訶般若波羅蜜經》、《小品般若波羅蜜經》、《金剛般若波羅蜜經》、《放光經》，寶積部有《大寶積經》，法華部有《妙法蓮華經》，大乘論有《十住毗婆沙論》、

《大智度論》、《十二門論》、《百論》、《中論》、《大莊嚴論》，小乘論有《成實論》，律部有《梵網經》、《十誦律》，菩薩傳記有《馬鳴菩薩傳》、《龍樹菩薩傳》、《提婆菩薩傳》等。

不僅規模宏大，此時對譯經的程序更是講究，幾近窮極細膩。這一時期的譯場，主要的翻譯程序如下：

一、**口譯**：主譯先以梵文或西域文誦讀經文，然後口譯成漢語。

二、**傳語**：不通漢語的異邦法師，則由「傳語」負責口譯，講解梵本；最早的例子為，竺朔佛譯《般舟三昧經》時，支婁迦讖負責傳語。此例一開，西來高僧即使不學漢語也能在中土講經，漢地僧眾或學人亦可藉由講經的法會譯出完整的佛典。

三、**筆受**：口譯出的每句經文，經主譯的講解、聽眾的提問辯難，直到在場眾人再無疑問，才由筆受寫定。

例如，真諦譯《攝大乘論》時，「一句之中，循環辯釋」、「隨出隨書，一章一句，備盡研核；釋意若竟，方乃著文。」除了「筆受」在翻譯時擔任記錄，其他的在場聽眾也會作筆記，再由筆受歸納整理。因此，經文譯出後，許多由筆記整理而成的義疏也往往於譯場同時產生。

譯語的採用方面更是字斟句酌。例如，譯《妙法蓮華經》時，什師拿竺法護譯的《正法華經》作為參考。其中的卷五〈受決品〉有一句經文，法護譯作「天上視世間，世間得見天上，天人世人往來交接」；什師認為，雖能保存原意，但不夠典雅；僧叡提議改譯為「天人交接，兩得相見」，什師才點頭認可。由此可見什師對於遣詞用字之要求。

四、校勘：譯出的佛經需跟原文校勘後才能成定本。主譯「手執梵本，口宣漢言，再三對勘，始為定本」，校勘工作則初由通漢文的主譯或傳語負責，後來另歸專人，譯文的用字在檢校時才作最後決定。例如，佛陀跋陀羅校勘《華嚴經》費時一年半，什師譯出《坐禪三昧經》六年後又將該經檢校一次。

當代學者曾比較當時的譯經事業與今人翻譯之差異：「今日識外洋文字，

未悉西人哲理，即可譯哲人名著；而深通西哲人之學者，則不從事譯書。然古昔中國譯經之鉅子，必須先即為佛學之大師。如羅什之於般若、三論，真諦之於唯識，玄奘之於性相二宗，不空之於密教，均既深通其義，乃行傳譯。」（湯用彤，《魏兩晉南北朝佛教史》）當時對於主譯者之要求、以及譯經事業之慎重，由此可見一斑。

什師羈留後涼十數年，對於中土民情非常熟悉，在語言文字上能運用自如；加上他原本博學多聞，兼具文學素養，因此在翻譯經典上，自然生動而契合妙義，在傳譯佛教經典的里程上，開創了一番空前盛況。

什師譯出了許多大乘經論，成為後世中國佛教開宗立派所依據的典籍。例如，《大智度論》、《法華經》為天台宗義理發展之根本經論；依《成實論》而立成實宗；《中》、《百》、《十二門論》為三論宗所依據的論典；包括後世廣為傳誦的《維摩詰經》、《金剛經》、《阿彌陀經》等，影響中國佛教之禪、淨兩家更是深遠。

坦言之，若從所譯經籍對於後世的影響而言，即使是玄奘大師，或許亦難以與什師比肩。

翻譯律藏的波折

不過，在什師翻譯諸經籍的過程中，翻譯律藏時屢遭曲折。

弘始六年（四〇四年）十月中，什師在長安中寺與罽賓高僧弗若多羅（Punyatāva，意為「功德華」）談道論法，並決定譯出《十誦律》。

弗若多羅早以戒節著稱，專精《十誦律》，為外國師宗，時人都說他已證聖果。多羅大概在什師至長安前後入關。姚興待以上賓之禮，安置於中寺，什師也推崇其守戒嚴謹。考慮到中土律藏未得弘揚，既然多羅擅長《十誦律》，此部律典又是一切有部的根本戒律，佛陀弟子重要性不言而喻，於是集義學沙門數百人於中寺，延請多羅誦出《十誦律》。

據傳，此經原名《八十誦律》，乃是佛陀弟子中「持戒第一」的優波離（Upali）在第一次集結時，於結夏九十日期間，分成八十次誦出，故名八十誦律。後經傳承，因後世難以完整學習，陸續刪節，只剩下十誦，故稱《十誦律》。此律為說一切有部的根本律典，梵文本已經失傳。什師雖然曾於龜茲從卑摩羅叉受此律傳承，但因為種種原因，什師本人不敢傳授戒律，便請弗若多羅傳授戒律。

集義學沙門六百餘人於長安中寺，由弗若多羅誦出，什師譯文；但僅完成三分之二，弗若多羅即入滅。當時所譯只憑口傳而無梵本，弗若多羅一去世，譯事即告中輟；遠在江南廬山的慧遠大師聞知此事，深感惋惜。

恰好，西域高僧曇摩流支（梵語 Dharma-ruci，意為「法希」、「法樂」）前來長安。流支以律藏馳名，廬山慧遠正痛惜多羅棄世，以致《十誦律》譯事中途而歇；聽說流支帶有此經典，便去函邀請，希望流支能續譯《十誦律》：「冥運之來，豈人事而已耶？想弘道為物，感時而動；叩之有人，必情無所吝。

若能為律學之徒，畢此經本，開示梵行，洗其耳目，使始涉之流，不失無上之津。參懷勝業者，日月彌朗。此則慧深德厚，人神同感矣。」（《高僧傳・卷二・曇摩流支傳》）

流支接獲慧遠書信，深受慧遠的弘法熱忱所感動；同時，姚興亦殷切敦請。於是，曇摩流支應邀到長安，依據攜來的《十誦律》梵本誦出，什師繼續接續翻譯，共譯出五十八卷本。

然而，翻譯此律之過程可謂備極曲折；還未刪定，什師即入滅。所幸，如慧遠所云：「冥運之來，豈人事而已耶？」因緣際會，有善於律藏的高僧接棒校訂工作。

什師二十歲時，罽賓高僧卑摩羅叉在龜茲王宮為他受具足戒，並且傳授什師《十誦律》；當卑摩羅叉來到長安時，什師當然非常高興。

就《高僧傳》所載，卑摩羅叉於秦弘始八年（西元四〇六年）到長安；當時，什師又再度因國主的一己之見而破戒。因此，當他詢問什師門下的受法弟子有多少人時，什師只能心懷懺悔地回答，有三千徒眾隨他學習經論；但他認為自身「罪業障深」，所以沒資格為師：「漢境經律未備，新經及諸論等，多是什所傳出，三千徒眾皆從什受法；但什累業障深，故不受師教耳。」

這段時間，傳中並無提到卑摩羅叉是否參與譯經。待什師圓寂後，素喜清靜的卑摩羅叉便離開長安，住壽春（今安徽壽縣）石澗寺，進行重校《十誦律》本的工作。他補譯最後一誦為《善誦毗尼序》（或稱《毗尼誦》）三卷，並譯出《十誦律毗尼序》，放在經文最末，整理為六十一卷，即現行之《十誦律》。

之後，他來到江陵（湖北江陵縣）辛寺，開講《十誦律》，轟動一時，前來聽講者聚集如林。律藏能於當世大為弘揚，卑摩羅叉可說厥功甚偉。

慧觀律師則將其講授內容進行了整理記錄，把戒制的條文書寫成兩卷，送至京師；僧眾抄寫傳誦，一時洛陽紙貴。當時還流傳著這樣的俗諺：「卑羅鄙語，慧觀才錄；都人繕寫，紙貴如玉。」

《四分律》的譯出

《四分律》（因出自曇無德部〔法藏部〕，故又名《曇無德律》）影響深遠。據傳，佛滅後，優波離尊者結集律法，分八十次誦出根本律制，再傳大迦葉、阿難、商那和修、末田地、優波毱多等五大尊者。佛滅約百年後，法正尊者（梵名 **Dharmagupta**，即「曇無德」）用上座部（梵語 **Sthaviravāda**，目前為流行於東南亞之南傳佛教）律藏中與己見相契者編纂成文，前後四度結集，分為四夾，所以稱為「四分」律。

《四分律》是中國所譯律本中流傳最廣的佛教戒律；漢傳佛教所謂「律宗」，實指四分律宗。北魏時，慧光律師判此律為大乘，唐代的道宣律師亦主張《四分律》通於大乘，更進一步建立「三學（戒、定、慧）圓融無礙」說。

《四分律》的譯出亦跟什師有關。漢譯《四分律》為什師之師友佛陀耶舍所主譯。什師被呂光擄到姑臧時，佛陀耶舍正好到龜茲弘法；什師得知後，寫信請他到姑臧。不過，龜茲不願放人，他只好千辛萬苦地設計密逃。好不容易到了姑臧，什師又已被帶到了長安。

什師希望姚興迎佛陀耶舍到長安共興譯經大業，但姚興不甚願意；什師還謙稱自己「未善其理」來突顯佛陀耶舍的學養高深，以說服姚興：「夫弘宣法教宜令文義圓通，貧道雖通其文、未善其理，唯佛陀耶舍深達經致。今在姑臧，願下詔徵之。一言三詳，然後著筆，使微言不墜，取信千載也。」費了一番唇舌，才讓姚興點頭。

雖然什師煞費苦心，但耶舍卻並非招之即來的。他聽聞什師受到姚興逼迫，因而破了戒律，便感嘆：「什如上好絲綿，卻處荊棘林中」。當姚興派遣使者帶著厚禮前往迎請時，耶舍並沒有馬上接受，他對來使說，國主既然降旨來召，原本應該馬上前往才是；然而，國主雖然如此厚待，「如果用待什之法（指其迫什師之舉）來對待我，那就不敢從命奉召了。」顯然是對姚興頗有戒心，言語間亦帶有不滿與批評。

姚興聽了使者的轉述，對耶舍的謹慎頗為感慨——或許也有反省的意味，便一再保證依約奉行之後，耶舍才前往長安。

為表誠意，姚興親自遠出城郊迎接。姚興在逍遙園中為耶舍另立新館，供養如同國君一般，甚為禮遇。耶舍卻對一切供養毫無所取，只是定時每天吃一頓飯。可說律己甚嚴。姚興還曾賞賜布絹萬匹、四事供養、衣鉢臥具已堆滿三個房間，耶舍卻絲毫不取。姚興只好幫他賣掉，在城南建了一座寺院。

什師譯《十住經》（即《華嚴經．十住品》）時，於義理上仍有疑慮。直到耶舍到來，才解決了什師的問題。他們相互討論之後，將有疑問之處釐清、並確定其義理後，才下筆譯出；這般審慎的過程，以及耶舍不下於什師的精深學養，受到在場僧俗三千多人的肯定。

佛陀耶舍初到長安時，因能誦《四分律》，司隸校尉姚爽就請他翻譯。姚興懷疑他只憑記憶會有差錯，即使什師大力保證：「耶舍甚有記功，數聞誦習，未曾脫誤。」但口說無憑，姚興便以背誦羌籍藥方來考他；有一說是五萬多字、或者說是四十幾張，總之內容不少。佛陀耶舍在二、三天內便牢記背誦，一字不錯，眾人都欽服其記憶力。

經此測試，姚興不再懷疑耶舍記誦的能力，總算能進行翻譯此律藏的工作。弘始十二年，《四分律》便由耶舍誦出，涼州沙門竺佛念譯為漢文，道含筆受，共譯出四十卷。耶舍後來又與竺佛念合譯《長阿含經》二十二卷。

愛之？害之？

前面提及，什師到了長安之後，又受姚興所迫而「破戒」！為何連視什師為國師的姚興也會令什師破戒？

若說什師是因受呂光輕視與淩辱而破戒，姚興則是基於「善意」而迫使什師破戒。

據《晉書．羅什傳》記載，在姚興要求什師破戒之前，什師便「主動」

破戒，而且是在講經時：「嘗講經於草堂寺，（姚）興及朝臣、大德沙門千有餘人，肅容觀聽。羅什忽下高座謂興曰：有二小兒登吾肩；欲鄣，須婦人。興乃召宮女進之，一交而生二子焉。」不僅破戒，而且還清楚地寫著生了兩個孩子（是否為登肩的「二小兒」，則不得而知）。

若依《晉書．羅什傳》的書寫順序，在發生什師「破戒」事件之後，又發生姚興強迫什師接受女子以傳「法種」的事件。

為何姚興會強迫什師呢？據傳記所言，他對什師說：「大師！您聰明及悟性都相當超凡卓越，可說世間無雙；如果您一旦辭世，法種便就此斷絕，無人繼承。」於是，姚興便迫什師接受十名女子。從此之後，什師便不住在佛寺僧房，另外遷往他處，並接受豐厚的供養。

《高僧傳》或《晉書》並沒有寫明什師當時的心境如何、或說了什麼話。但是，依《高僧傳》，什師每逢升座宣說經義時，常會語重心長地說：「就像是臭泥中生長蓮花，只須採擷蓮花，不必沾取臭泥啊！」由這個比喻看來，什師像是將破戒的自己視為汙穢不堪的「臭泥」，並希望聽法的諸僧眾只要擷取其所宣說之經論義理——蓮花。

至於《晉書》所載，什師還為此示現神通。許多僧眾看到什師接受了國主所賜之女，便也妄想仿效。什師便集合僧眾，來到盛滿鐵針的缽前，告訴眾人：「如果各位能學我將這滿缽的針吞下，就可跟我一樣接受女子服侍。」說完，便將滿缽的鐵針吞下，宛如日常進食一般。

僧眾看見什師的示現，盡皆感到歎服及慚愧，並停止犯戒的行為。

對於什師展現神通的示現，有學者認為，是要告知其他僧眾：修為不同，對於世俗所能採取的應對方式便有所不同。就如學習書法，須按部就班，基本的楷書純熟之後才能練習草書等變化。另一種解釋為，如什師般的大師或聖人之修為境界，為了方便度化，有時須順隨世情，但其能「隨緣不變」；若是凡夫，便只會隨緣而下墮了。

此外，亦有學者從禪定的修為方面來理解什師。如什師所譯之《坐禪三昧經・下卷》所云：「三禪、四禪除喜，次學五通。身能飛行變化自在，行者一心欲定、精進定、一心定、慧定。」什師之所以若能吞針無恙，並不只是幻術，而是因其非貪欲未除之凡夫，已達具神通之「三禪、四禪」的境界；能證得初禪境界就沒有欲界之淫欲，何況三禪、四禪！換言之，若就戒律來看，如果什師已證三禪、四禪，心無淫念，便無有破戒。

明代憨山大師在《妙法蓮華經通義》中亦為這段因緣提出他的見解。他先舉出了一段「歷史」：有一位西域法師至長安拜訪，並與什師甚為相契；姚興想留下法師，法師卻不從而離去，姚興便暗中派人殺了他。姚興並因此擔心什師亦心生離去之念，所以才會逼其納妓：

> 及見秦主，初甚敬重。次因西域梵師，有持禪波羅蜜經至者，與什甚契；與欲留之，梵師不住，遂棄去。與怒，陰遣使者襲殺於關外。因疑什，恐有去志，乃賜宮女與什，謂續佛種，以占什意；什逆知之，以為法情深，遂納之以釋其疑。譯此經時，始居草堂，正當危疑之際，而以法為重，乃不避嫌，成此

法緣。

總而言之，憨山認為，姚興擔心什師不願繼續留長安，便以娶妻生子套住他；而什師以譯經傳法為重，為法忘己，所以才順其意而納妾。

但是，就如同對於「呂光強迫什師破戒」一事的質疑，也同樣能懷疑：像姚興這般崇敬佛法及高僧的君主，真的因西域法師不遂其願便將其暗殺？會為了避免「法種」斷絕，便迫使什師破戒？真相究竟如何？

除了《高僧傳》及《晉書》之外，在同時代的《魏書》裡對於什師破戒之事也有記載。北魏孝文帝崇敬什師，欲為什師造塔，並下詔尋找其後代：「可於舊堂所為建三級浮圖。又見逼昏虐，為道殄軀，既暫同俗禮，應有子胤，可推訪以聞，當加敘接。」（《魏書．釋老志》）由此可見，此事亦曾傳至後秦以外的地方。

然而，就如古有「三人成虎」、「曾參殺人」之例，每個時代都可能有以訛傳訛之事。

首先，若就《晉書》的敘事順序來看，在姚興迫師納妓前，先發生了什師草堂講經時「須婦人」甚至「生二子」一事。如果什師已有子嗣，姚興又如何能以接續法種來強迫什師呢？

其次，則是由姚興本人的作為來探究。從前面的說明可知，姚興學養之高，與呂光可謂判若雲泥，是一位對佛學頗有研究、對三寶亦甚為敬重的君主，甚至還有佛學著作。依《肇論疏》所言：「秦王姚興，道味玄深，遊心佛法，託志大乘。乃著〈通三世論〉。」

明朝《佛法金湯編．卷二》則稱姚興將什師奉若神明：「（什）惟為姚興著《實相論》二卷。興奉之若神，嘗講經於草堂寺，興及朝臣大德沙門千餘人肅容觀聽。」

這樣「遊心佛法，託志大乘」的君主，依《晉書》所形容的，性情純樸敦厚：「興性儉約，車馬無金玉之飾，自下化之，莫不敦尚清素。」而且著有多篇佛學論著，包括〈通三世論〉、〈通不住法住般若〉、〈通聖人放大光明普照十方〉、〈通一切法空〉等，可見其深研佛法；此外，他也隨什師參與了譯經事業：「什師宣梵，秦主親執文對譯；方等諸經，乃所譯也。」（《肇論略註》）

像這般對什師「奉之若神」的君主，會做出破法、破僧之事，實在有些難以想像。

或許，我們不妨假設，這些「刻意」加諸什師身上的屈辱，乃是為了讓其生命歷程看起來更為顛沛、困頓，也正符合什師自身所言「雖復身當爐鑊苦而無恨」。

然而，經歷國破之難、千里迢迢被「請」到中土，卻又遭到「冷凍」而不得志的什師，即使沒有「破戒」這樣的情節發生，難道便有損什師譯經功業之偉大？

第六章　交會・圓寂

今於眾前發誠實誓：若所傳無謬者，當使焚身之後舌不燋爛。

什師到漢地之後，曾與在漢地弘法的兩位著名高僧有過交流，卻有著不同的因緣：一者相互師友、彼此推崇；一者卻是門下弟子時有閒隙，導致高僧流離他方，形成另一段法緣……

中國淨土宗之祖——慧遠

在什師身處的時代，中國南北有三大佛教中心：長安、廬山、建康。

在什師入關之前的幾十年，北方最主要的佛教中心原本是洛陽；不過，隨著「神僧」佛圖澄的去世和石趙政權的敗亡，洛陽寺廟坍毀、誦經聲止息，佛法盛況不再。

當時，道安帶著弟子輾轉活動於河北、山西一帶，一邊禪修、一邊講學，飽經戰亂、顛沛流離，後來在暫居襄陽。此時，長安在前秦苻堅的治理下，政治、經濟、文化等方面相較於其他地方都相對安定繁榮，因此成了北方主要的佛教中心。信佛的苻堅以國家力量支持譯經，譯場的規模今非昔比。

三國時期，佛教開始在中國南方的東吳傳布；這段時期，乃是由兩位西域高僧奠定基礎。

首先是月支高僧支謙；他因避亂來到江南，孫權賞識其才慧，尊為博士，他在東吳譯出《維摩詰經》等四十九種佛典。

之後，康居高僧康僧會於孫權赤烏十年（二四七年）也來到建業，搭了一座簡陋茅舍，安置佛像、宣說佛法，並藉由祈求到堅硬無比的佛舍利，令孫權心悅誠服，並隨即興築建初寺——此為中國的第二座佛寺，江南佛教由此興盛。康僧會在建初寺譯出多部佛典，梵唄亦於此時傳入。

佛教在江南生根後，東晉元帝、明帝、簡文帝、孝武帝皆崇信佛法，許多知名人士如王導、何充、殷浩、郗超、王謐等，都是佛教的擁護者。

在道安的弟子當中，後來駐錫於廬山的慧遠，被後世尊為中國淨土宗的開山之祖，對於佛教的弘揚影響深遠。

慧遠年少時便通達儒家五經與道家老莊之學。其原欲南下尋訪宿儒，因世局紛亂而難以成行；因緣際會，其得知道安法師於太行恆山（今河北阜平之北）弘揚佛學，便前往謁見，被道安的高尚人格及淵博學識所折服，遂拜道安為師。在道安門下聽聞般若經後，決心出家。

二十四歲時便登講席說法；其引《莊子》思想來闡明佛教的實相義理，使迷惑不解者得以領悟。之後隨道安入王屋山，再經數度流離，於晉廢帝太和元年（西元三六六年）止於湖北襄陽，於此處駐錫十二年。

慧遠四十五歲時又奉道安之命，至江南弘教。慧遠辭別道安後，南向訪問同學慧永，以兌現昔日羅浮山共住之約；因慧永棲止廬山西林寺，便隨之居於廬山。

慧遠起初住在龍泉精舍；慧永請江州刺史桓伊建東林寺，慧遠便於落成後移居東林寺。慧遠內精佛理、外通群籍，受當代僧眾敬服，廬山東林寺便成為當時南地的佛教中心。

當時的名士謝靈運，頗為欽敬慧遠，替他在東林寺中開東西兩池，遍種白蓮；慧遠後來結社共修念佛三昧，遂稱為「白蓮社」。因此，淨土宗又稱「蓮宗」。

慧遠等人取《阿彌陀經》、《觀無量壽經》等佛典為依據，提倡稱念「南無阿彌陀佛」，以企求往生阿彌陀佛以其願力構建的西方極樂淨土，慧遠因而成為後世淨土宗的初祖。慧遠居東林寺直至八十三歲圓寂。

由於南北分裂，非「漢人」於北方所建立的政權變更頻仍，導致南北交通常常中斷。由長安至江南的僧人，多沿漢水流域南至武昌，再至廬山，最後抵達建康與會稽一帶。基於地理交通較為便利，因此長安與廬山交往最為頻繁；佛典的流傳、南北僧人的交流，也往往先在長安與廬山之間進行。

前秦苻堅時，道安、慧遠天各一方，長安、廬山之間幾乎不曾往來。究其原因，乃是前秦、東晉敵對，交通斷絕，擋住了僧人由北至南的交通。前秦覆滅後，繼之建立的姚秦（後秦），又忙著與前涼、西秦、北魏等國作戰，天下仍不平靜。

東晉義熙元年（後秦弘治七年，西元四〇五年），南朝（宋）劉裕遣使求和於秦，並要求割讓南鄉等諸郡，姚興居然答應，遂將南鄉等十二郡讓給東晉。後秦、東晉關係和緩，南北交通隨之順暢，互動因此頻繁，長安、廬山南北僧團之間的往來便成為常態。

什師入關後，譯出大量佛經，帶來了以大乘般若為中心的佛學新義，長安與廬山之間的互動進入另一更深入的階段。

什師與慧遠論法

對於來華的西域高僧，慧遠都相當歡迎，因為他們帶來佛教經論及佛教的新資訊與義理。例如，精於《阿毗曇心論》的僧伽提婆來到潯陽（今江西九江）時，慧遠便敦請其重譯《阿毗曇心論》及《三法度論》。

每逢西域高僧至漢地，慧遠總是殷勤諮訪，何況是名滿天下的鳩摩羅什？慧遠早就聽聞什師盛名。太元十六年（三九一年）於廬山重譯《阿毗曇心論》，眾僧上座有竺僧根、支僧純；僧純早年在龜茲尋求戒律時見過什師，慧遠之所以知道什師事蹟，大概得之於僧純。

大約在什師至長安不久，後秦左將軍姚嵩寫信給慧遠，告知西域高僧的到來。慧遠得姚嵩書後，立即致書什師。

慧遠於信中表示，從前異邦相距遙遠，「音譯未交」、「聞風而悅」，卻因相隔兩地而「以形乖為歎」；今天什師既來到漢地，「有問則一日九馳，徒情欣雅味，而無由造盡；寓目望途，固已增其勞佇。」總之，表達了不能當面求教的遺憾，又強調從前雖未能求教佛理，但「無日不懷」；並贈送什師法衣器物，以表誠意。

什師收到慧遠的書信及法物，甚為感動，當即回信，於信中云：「經言末後東方當有護法菩薩，勖哉仁者，善弘其事。夫財有五備、福戒、博聞、辯才、深智，兼之者道隆，未具者疑滯，仁者備之矣。」

什師引用佛經，把慧遠比作「東方護法菩薩」，勉勵他善弘佛法，無疑是對慧遠的極高評價。除了由字裡行間知其人之外，什師應該也從姚嵩處知曉慧遠的品格與學養，否則不會輕易許之為「東方護法菩薩」，又讚揚他具備了博聞、辯才、深智等各種弘揚佛法的條件。禮尚往來，什師亦回信予慧遠，並贈澡罐（僧人盛盥漱用水的器皿）一件。

弘治七年（西元四〇五年），什師譯畢《大智度論》。或許是因為《大智度論》在什師的譯著裡有著特別的地位，什師的弟子們竟無人敢為之作序。姚與便派人將新譯的《大智度論》送至廬山，並附一信說明：「《大智度論》新譯訖，此既龍樹所作，又是《方等》旨歸，宜為一序以申作者之意；然此諸道士，咸相推謝，無敢動手。法師可為作序，以貽後之學者。」姚興的措詞，頗能體現他對於慧遠的學養亦相當尊崇和信任。

慧遠深感姚興託付之重，便認真閱覽《大智度論》。這部論典可說是龍樹菩薩於漢地的代表作，據僧叡所言，有三百二十萬字。什師考慮到華人「尚簡」，便「裁而略之」，僅譯出三分之一，得一百卷；若全部譯出，據說會有一千多卷！即使已刪為一百卷，還是讓慧遠費時數月才讀畢。

慧遠讀完後作〈大智度論序〉，並回信給姚興，自謙「懷大非小褚所容，汲深非短綆所測」、「緣來告之重，輒粗綴所懷，至於研究之美，當復期諸明德。」意思是說，自己的學養尚稱淺陋，無法揣測經論之深義，若要研究其精妙，則有待更高明的學者。

慧遠的序文早已佚失，無法知其對《大智度論》之見解；姚興及什師弟子對慧遠序文的反應，因缺少記載，也無從了解。唯一可確認的是，與什師譯出《大智度論》時的「裁而略之」的思路相同，慧遠深知天竺佛教經典的文繁意廣，認為《大智度論》還是太長——「文句繁廣，初學難尋」，便採取符合漢地學者所習慣的形式，再度刪繁就簡，抄錄了《大智度論》中的精要編為《大智度論抄》二十卷，並作了序，以令學者能事半功倍。

由此可知，《大智度論》的譯出與弘揚，稱得上是長安和廬山佛教界攜手合作的成果，因緣可說甚為殊勝。

應是在讀完《大智度論》之後，慧遠深覺其所理解的大乘義理與什師所傳之般若學有差異，並又聽聞什師似有返回龜茲之意，急著想向什師請益：「聞君欲還本國，情以悵然。先聞君方當大出諸經，故來欲便相諮求；若此傳不虛，眾恨可言。今輒略問數十條事，冀有餘暇一二為釋；此雖非經中之大難，欲取決於君耳。」之後便藉由書信的往返，展開了數次的法義討論，由慧遠主問、什師主答。

什師對慧遠的數十條疑問一一作了回答，後人輯成《大乘大義章》（又稱為《大乘義章》）三卷。在《大乘大義章》中，慧遠便數次援引《大智度論》的觀點與什師往來問答，包括法身問題、大小乘問題、空有問題等；從慧遠所提出的疑問可一窺當時流行之佛學觀念——不一定是慧遠本身的見解，以及什師以般若學回覆與針砭之要義，釐清了慧遠所提之疑問中有所偏誤的認知。

慧遠是抱持著請法的態度，希望能從什師處得到更多大乘經論對於各種名相的解釋，並進一步釐清大小乘間的異同問題，建構一個更為完整的佛法義學體系。然而，慧遠之請法，不僅是因為個人的迷惑或是求知欲而已。

佛法自魏晉以來風行於漢地，而其所面臨的時代課題，乃是「傳譯未備」以及「法義會通」的問題，此二問題一直延續到隋唐，自玄奘西行求法及天台、華嚴諸宗形成完備的判教系統後，才得到較為圓滿的解決。慧遠所處南北朝時代，還不具備解決此二問題的客觀條件；什師的來華，則是推動佛教思想發展的一大契機。什師博通大小乘教義，又自西域攜來大量經典，一方面可糾正歷來譯本的錯謬，另一方面則有資格亦有能力對當時的各種教法加以分判。

來自西域的什師，稱得上是四世紀末、五世紀初北傳一系龍樹般若之學的代表人物。相對地，當時的中國佛教自漢末以來兩百年的醞釀，歷經佛典的翻譯、格義、六家之學，再匯聚為道安、慧遠等大師的一家之說，漢地佛教亦已形成自己的風格與體系；而這套體系的某些觀念，與什師的般若之學是有其差異的。

什師對佛法的解義甚深，且本有志於著述，以發揚大乘佛法、尤其是龍樹一脈之般若學為己任；然而，卻因機緣未至而難以圓滿放棄。因為，南北朝時期，各種大小乘經論尚處於傳譯、消化的階段，什師當時的迫切任務，乃在如實地翻譯、宣說大乘經論，而非著述立說；當時即便有所撰述，若是缺乏理解、相應者，可能徒引爭論罷了。

在《大乘大義章》中，慧遠的善問，引出了什師之善答；其不執一端、條理分明、縱橫無礙的解析，對大乘境界的詳盡論述以及對大小乘義理的融通判攝，無疑地釐清了許多漢地學僧因經論未備所造成的理解困難與錯謬。

這一場思想互動的結果，形成的是「中觀般若學」對於中國傳統「法身」、「法性」觀念的調整與融合，也決定了中國佛教義學日後發展的主要觀點。

什師對「定中見佛」之說明

什師之與慧遠論法，其就「定中見佛」經驗的釋疑，對淨土宗的發展亦有其貢獻。

慧遠於廬山東林寺所創的蓮社，以修念佛三昧為主，其所依據的經典是《佛說無量壽經》與《般舟三昧經》。《無量壽經》所示「發菩提心，一向專念阿彌陀佛」乃是慧遠大師及蓮社諸賢共修的綱宗。

佛說無量壽經

《無量壽經》（梵語 Sukhāvatī-vyūhaḥ-sūtra），亦稱《大阿彌陀經》、《無量清淨平等覺經》。現存五個漢譯本，曹魏康僧鎧所譯的《佛說無量壽經》（上下二卷）為淨土宗祖師印光大師指定之版本；東漢支婁迦讖譯之《佛說無量清淨平等覺經》二卷，亦頗多誦讀者。

經中介紹法藏比丘（因地之「阿彌陀佛」，亦即「無量壽佛」）所發諸大願（依版本不同而數量不一，有二十四願、三十六願，最多為四十八願），以及阿彌陀極樂淨土的樣貌。其為探討淨土思想的重要經典，素有「淨土第一經」之稱。

對於所謂「末法」時期的眾生而言，此經促請眾生發往生大願，聞阿彌陀佛名號，至心信樂願生極樂世界，就算只有「專意十念」

也能往生；「十念」或可視為比喻，意指其道易行。

般舟三昧經

《般舟三昧經》（梵語 Pratyutpanna Samādhi Sūtra），後漢支婁迦讖譯，是最早譯至中國的淨土經典之一。

「般舟」是梵文 Pratyutpanna（意為「現在」）的音譯，梵文經題之意為「現立佛前三昧經」；支婁迦讖之譯本記載，亦名《十方現在佛悉在前立定經》。

此經介紹了經由經行與憶念他方佛的方法，在禪定中可以親見十方佛，得到他方佛的教導；並以阿彌陀佛為十方佛的代表，通過憶念阿彌陀佛，可以見到無量佛。

據稱，「般舟三昧」——又稱「十方現在佛悉在前立三昧」之修行法門為：以一日一夜或更長時間經行不斷，不坐不臥，不停念阿彌陀佛；如此能破除睡蓋（障礙之意），連續行走九十天便能快速證得般舟三昧，十方諸佛皆在前立。

淨土教法在中國傳布之初，儘管有《佛說無量壽經》、《般舟三昧經》等經典譯出，信眾仍持觀望、試探的態度：有沒有阿彌陀佛？是否真的有西方極樂世界？這些疑慮，一方面要靠經典聖言量化解；另一方面，人們更希望有一種驗證，這種驗證對淨土教理在漢地的傳布極為重要。

慧遠以及蓮社的其他信眾，修念佛三昧，大多有「定中見佛」的體驗。史料記載：慧遠禪定中三次見佛；劉遺民則專念禪坐，始涉半年，定中見佛——佛於空現，光照天地，皆作金色。

不過，慧遠對定中見佛之事尚存疑滯，曾向什師諮詢。慧遠根據《般舟三昧經》所常引用的夢喻發問：定中所見的佛，假如是夢境的話，那就只是主觀的想像而已，並不是真的佛現，此佛便不可能為我等斷除疑惑；假如是外來的佛，佛既是真實的顯現，為何又以夢為喻呢？

什師詳盡地回答了這個問題。他首先指出，見佛有三類：一是自得天眼而見佛，二是神通自如、飛至十方見佛，三是凡夫修行禪定、心止一處而見佛。《般舟三昧經》以夢喻定中見佛事，僅取夢中之事歷歷分明、能到能見，並非指其如夢般虛妄；因為，佛說經典皆指稱阿彌陀佛與西方極樂世界真實不虛。定中見佛雖由心意識的專注憶想，所生起之境界卻並非虛妄，乃是眾生與佛感應道交所現出的。佛的法身遍一切處，亦遍入一切行人心中；行人心憶念佛時，水清月現，佛身顯現；因此，行人見諸佛身，不可當作虛妄幻覺來看待。

從慧遠所提出的問題中可知，慧遠不僅確切地修習念佛三昧，而且對念佛三昧的內涵境界觀照透徹；其由對於阿彌陀淨土之至深信心入三昧，而至見佛、至往生，形成其淨業修證的路徑。

慧遠所倡導的念佛思想與實踐，在當時的佛教界引起了巨大的迴響，對淨土宗在中國生根廣被，影響深遠；而什師以其深厚學養的詳盡回覆，可說亦有舉足輕重的貢獻。

與覺賢（佛馱跋陀羅）的糾葛

因緣不可思議；某位同樣來自西域的高僧，不見容於什師的弟子，卻又與禮遇西域高僧的慧遠結下善緣。

覺賢（西元三五九至四二九年），梵語音譯為佛馱跋多羅（Buddhabhadra），亦稱佛大跋陀，又意譯為佛賢、覺見等。他是古印度迦毗羅衛國（今尼泊爾境內）人，與釋迦牟尼同族，是釋迦牟尼叔父甘露王的後裔。五歲成為孤兒，十七歲出家，以禪法知名。

覺賢受學於大禪師佛大先，頗得師傳，禪法之學程度頗高。依《高僧傳》所載，覺賢「受具戒，修業精勤，博學群經，多所通達，少以禪律馳名」；「可以振維僧徒，宣授禪法者，佛馱跋陀其人也。」

他在罽賓國遇到了中國的求法僧智嚴，智嚴請他到華夏弘傳禪法；覺賢認為修學已有一定成就，便想遊歷四方，弘揚佛法，兼以考察風俗，便答應了智嚴的請求。

東晉義熙四年（四〇八年），覺賢到達青州東萊郡（今山東一帶），聽到什師應秦主姚興的迎請，到長安主持譯經，遂前往長安請益，住長安齊公寺。

起初，覺賢與什師相處甚好，互相研學，切磋奧義；但是，由於各自的學風不同，師承淵源亦有異，難免在見解上會有所分歧。

覺賢有一次便疑惑地詢問什師：「您所闡發的義理並無相當出眾之處，為何能得到這麼大的名聲呢？」什師只是回答：「大概只因我年紀大的關係吧！」依常理，覺賢此問實在有些無禮；然而，什師並未因此不悅，兩位高僧仍常共同探究佛理。

什師弘揚經教，尤重龍樹一系的大乘中觀學說，頗得秦主姚興的崇敬。什師和門下兩千多人，出入宮廷，聲勢顯赫。覺賢在禪法方面則謹守上座部教學，修習禪定；弟子雖有數百人，仍甘於淡泊，不喜繁華。什師雖也傳授禪法，但僅介紹上座部舊師的各家禪要，尚未經過完備整理；覺賢的禪法則是一脈相承，保持了某種程度的純粹性。

姚興專心於佛法，供養著三千餘名僧眾，這些人往來宮中，參與各種事務；只有覺賢清靜淡泊，與眾不同。然而，他並未因此而得以避免人間的無謂糾葛。

他的糾葛主要出自兩件事。某日，他對弟子說：「我昨天看見有五艘船從家鄉向這裡駛來。」此話被弟子口耳相傳，被長安僧團的僧人知道了，便認為他妖言惑眾：覺賢的家鄉在天竺，與漢地相去萬里，他又不是神佛，如何能看得見有船前來呢？

另一件則是，他弘揚禪法，弟子的修為當然各有深淺，證得的境界亦不同，難免有心術不正之徒藉此博取虛名。有個弟子很少用心參證，卻自稱得了「不還果」，覺賢又沒有立即察覺與制止；於是，流言四起，誹謗橫生。弟子中有部分投機取巧之徒，見情勢不對，便悄然離去，甚至有半夜跳牆而走的。覺賢平淡自處，不以為意。

然而，世人豈會就此罷休？麻煩仍找上門來。據載，什師弟子道恒、僧契前來，嚴肅地對他說：「您先前宣稱有五隻船要來，結果了無蹤影；您的門徒也誑言惑眾、引起紛爭，這於戒律已有違背。您最好離開長安！」

傳記中並未提到什師是否知道此事，對於什師的態度當然更無從知曉。覺賢不以去留為意，只是有些遺憾：「我身若流萍，去留甚易；但恨懷抱未伸，以為慨然耳！」便與弟子慧觀等四十多人收拾行裝後便動身離去。

姚興聽聞此事後頗為扼腕，便將道恒召來，語帶責備：「覺賢和尚不遠萬里來游化傳道，本欲宣揚大法；真知卓見尚未弘揚，但用心良苦，足以讓人感念，怎麼能因隻字片語之誤，就讓眾人失去導師呢？」便派使者騎快馬追趕，欲挽回高僧。

然而，見到使者說明來意，覺賢只是說：「陛下皇恩浩蕩，深為感念；然而，既已啟程，就恕不能從命返回了。」他知道凡事皆有緣分，不必勉強。仍率眾人連夜趕路，向南直奔廬山——那便是南朝宋的國境了。

慧遠早就聽說過他的大名；知道他來，欣喜非常，如遇故舊。他認為，覺賢的被排斥，過在門徒；至於那五隻船的說法，也只看聽者同意與否，於律無犯。於是，他派遣弟子曇邕，送信給姚興及長安僧團，為他排解紛爭，並禮請覺賢留在廬山譯出《達摩多羅修行方便禪經》二卷。

慧遠極為重視此經的翻譯，不僅親聽覺賢的講授，還為此經撰序讚揚。覺賢受慧遠的真誠所感動，表示願在南方各地宣說禪法。但覺賢志在遊化四方，在廬山待了一年多之後，便於義熙八年（四一二年）秋，離開廬山西行。

達摩多羅修行方便禪經

《達摩多羅修行方便禪經》，梵名 Dharmatara dhyāna-sūtra，共二卷，又稱《達磨多羅禪經》、《禪經修行方便》、《修行地不淨觀經》、《修行道地經》、《修行方便禪經》、《不淨觀經》。共分十七品，內容闡述修習數息、不淨等禪觀方法。據近人研究，本經未涉大乘禪定，以小乘禪定為主。

覺賢受廬山慧遠之請而將本經譯出；後人稱鳩摩羅什所譯之《坐禪三昧經》為「關中禪經」，本經則稱「廬山禪經」，此二禪經涵括了大小二乘禪觀。

本經詳細說明了不同的禪定修法，以及實修的境界變化過程，故被視為修習禪定者的指導書。據說，因本經冠「達摩多羅」之名，後世誤認為乃禪宗祖師達摩所傳，而頗為珍視並加以研究。

當他到達江陵，在那裡正好碰到五艘船靠岸；一打聽，果然是從天竺來的；再核對日期，出發之時正是覺賢對弟子說話之日。消息傳開，境內士庶百姓競相前來禮拜。長安僧團得知此消息，才知錯怪了他，頗感羞愧。覺賢也因此聲名大噪，十方供養紛至；但他一介不取，而是不分貴賤地持缽化緣，恬淡度日。

當時的太尉劉裕剛好在江陵，頗為欽服覺賢的學識及氣度。翌年，他隨劉裕同赴揚都（今江蘇南京），駐於中華門外道場寺；其道德與學問，甚受當地僧俗的擁戴。覺賢在揚都大弘禪法，帶領徒眾修習禪定，道場寺因此而有「禪師窟」的稱譽。

不久後，東晉著名高僧法顯到印度求法，經獅子國（今斯里蘭卡）航海歸來，從青州（今山東青島）來到揚都，與覺賢合作譯經。從義熙十二年至十四年（四一六至四一八），先後譯出法顯攜回的梵本《大般泥洹經》六卷、《摩訶僧祇律》四十卷、《僧祇比丘戒本》一卷、《僧祇比丘尼戒本》一卷、《雜藏經》一卷，所翻譯之經典無不「究其幽旨妙盡文意」，由此積累了不少翻譯經驗。

義熙十四年，他又受孟凱、諸叔度等人禮請，與沙門法業、慧嚴等一百多人在三年內譯出《大方廣佛華嚴經》五十卷（後改分為六十卷，稱《六十華嚴》）。這部經典之梵本有三萬六千偈，乃是慧遠弟子支法領從西域于闐取回的，尚無人翻為漢文；直到覺賢率領眾人共同翻譯，終於圓滿完成。

在此以前，什師已先譯出《華嚴經》中的〈十住品〉；覺賢不僅完全採用其譯文，而且還依什師的譯文風格翻譯其餘各品，以求全本文氣的融合流暢。由此可見覺賢並不計較什師弟子無禮的過往，展現了不在意個人恩怨、以弘法為重的宏闊氣度。

《六十華嚴》的譯出對後世佛教義學的發展影響很大，翻譯的所在地後來便被稱為「華嚴堂」，以紀念他的譯經功德。

關於《華嚴經》

《華嚴經》，全名《大方廣佛華嚴經》（梵語 mahā-vaipulya-buddhâvataṃsaka-sūtra），與《法華經》齊名，被大乘諸宗奉為「諸經之王」、「諸經中寶」，據稱是釋迦牟尼佛成道後，為文殊菩薩、普賢菩薩等登地菩薩宣說佛陀所證得之不可思議解脫境界。

《大方廣佛華嚴經》一經的要旨，便包含在經名中。「大」乃包含之義，「方」為軌範之義，「廣」，即周遍之義；因一心法界之體用廣大無邊，故稱為「大方廣」。「佛」即證入大方廣無盡法界者，「華」是成就萬德圓備之果體的因行譬喻，「嚴」即開演因位之萬行，以嚴飾佛果之深義，此為「佛華嚴」。

如來於本經宣說菩薩以菩提心為因而修諸行，因此得以頓入佛地的因果，顯示心性含攝無量、緣起無盡、時空行願等相涉相入、無礙無盡的理境，及佛果地無際無礙、莊嚴無比的勝境。華嚴宗便是以本經為所依，開顯「事事無礙法界」之圓融無礙境界。

明末四大高僧之一的蓮池大師說：「華嚴見無量門，諸大乘經猶華嚴無量門中之一門耳。」同為明末四大高僧之一的憨山大師則說：「不讀《華嚴》，不知佛家之富貴。」之所以稱其「富貴」，不僅因本經攝無量法門，亦因其彰顯了佛心、眾生心之無量、無盡、無礙。

覺賢所譯為三萬六千頌之《六十華嚴》，另有唐代實叉難陀所譯之四萬五千頌的《八十華嚴》（八十卷），為今日最流通的版本。唐代般若所譯的《四十華嚴》，則為本經〈入法界品〉的全譯本。

覺賢的遭遇雖非因什師而起，卻跟什師弟子有頗大干係；這種宗派之見，往往不見於高僧大師本人，而是發生於其泥於宗派歧異的門人弟子，實值得後世各宗教以及佛教信眾警惕。

雖然如此，卻也由於覺賢的不見容於長安，而讓禪法因此機緣而南傳至廬山，並得以譯出《摩訶僧祇律》、《大般泥洹經》與《六十華嚴》等重要典籍。因緣冥冥之間，可謂失之東隅、收之桑榆。

薪滅形碎，唯舌不灰

雖然什師於後秦地位崇高、甚受敬重；然而，他想要弘揚的大乘中觀學說，當時並未引起中國僧眾的普遍重視；他想要破斥的小乘學說——主要為說一切有部的毗曇思想，依然被視為學習佛法的門徑，在漢地廣為流行。這位哲將中觀之學宣揚於東土的義學高僧，仍不免受制於中國佛教現實狀況的發展，始終沒有實現其宏願的機會。

再者，他曾對僧叡說，天竺國很重視文藻，宮商體韻以入弦為善——印度的經文是可以唱的，但翻譯成漢語，原有的味道就沒有了，他形容為：「嚼飯與人，非徒失味，乃令嘔噦也。」後人覺得他翻譯流暢優美，他卻說他所翻譯的經論像是嚼飯與人，失去了原有的風味。由此可見，什師對於佛典翻譯的標準甚高。

他還曾經感慨地說：「吾若著筆作大乘阿毗曇，非迦旃延子比也；今在秦地，深識者寡。折翮於此，將何所論。」——什師的心願是撰寫大乘的「阿毗曇」（論典）——就如同其所傳承的龍樹菩薩那般；他並自詡，其著作大概連說一切有部的偉大論師迦旃延子也難與之比肩；只是，在秦地很少有人賞識。如此一來，就有如折翼之鳥般，夫復何言。

簡言之，光是譯經，對什師來說是遠遠不夠的；他更想做的，應當是親筆著述乃至於宣說佛法、做師子吼以振聾啟聵。什師感嘆其有志難伸，甚至自比為折翼之鳥，由此可看出什師的無奈。

「迦旃子」等於迦旃延？

有些說法將什師所言的「迦旃子」（Kātyāyani-putra）與佛之十大弟子中「論議第一」的迦旃延（Kātyāyana）視為同一人，顯然有誤。

迦旃子，或稱為迦旃延子、迦多衍尼子、迦多演尼子等，為古印度佛教僧侶，相傳證阿羅漢果。他造《發智論》，創立了不同於舍利弗阿毘達磨的新阿毘達磨體系，被譽為是使說一切有部從上座部分立而出的開宗論師，他是許多重要佛教理論的最早提出者，對部派佛教發展演變有極其深刻的影響。

如《大智度論．卷二》所載：「佛在世時，法無違錯；佛滅度後，初集法時，亦如佛在。佛後百年，阿輸迦王作般闍於瑟大會，諸大法師論議異故，有別部名字。從是以來，展轉至姓迦旃延婆羅門道人，智慧利根，盡讀三藏內外經書，欲解佛法故，作發智經八乾度，初品是世間第一法。後諸弟子，為後人不能盡解八乾度故，作鞞婆沙。」

真諦譯《婆藪槃豆傳》（即「世親傳」）亦有記載：「佛滅後五百年中，有阿羅漢，名迦旃延子。母姓迦旃延，從母為名。先於薩婆多部出家。本是天竺人，後往罽賓國。罽賓在天竺西北，與五百阿羅漢及五百菩薩，共撰集薩婆多部阿毘達磨，製為八伽蘭他，即此世間云八犍度……亦稱此文為發慧論。」

即令如此，什師仍心繫譯經弘法事業；畢竟，這是身在漢地的他能為佛教戮力之事。

只是，即使對於譯經念茲在茲，卻仍有須放下手中筆的一天。

當什師心知世壽已盡，但譯經弘法之念未歇，便為自己持咒三遍，又請外國的弟子共同誦念，卻依然無力回天。

連佛陀都須順隨人間生老病死的規律，什師又何能免？在《高僧傳》中並未提及什師辭世的原因；若尚能持咒祈壽，或可能是因衰老或病疾而至肉身趨滅。

十四世紀成書的藏文史籍《紅史》中，則補充了漢文典籍所無的什師死因。根據《紅史》記載，什師及長安僧團受到秦主姚興寵幸，引起朝臣及后妃們的不滿，從而聯手構陷，由王后出面誣指什師有非禮之舉，造成什師與弟子僧肇被害。這不妨當成聊備一格的可能性說法。

圓寂之前，什師向僧眾告別說：「吾輩因佛法相逢，然而我尚未完成心願，卻將要離開世間，無法與大家繼續譯經佛事，令人感慨。我自認愚昧，忝為佛典傳譯，共譯出經三百餘卷，只有《十誦律》一部尚未審定、刪繁就簡；如果能保存本旨，必定沒有差錯。我希望所有翻譯的經典，能夠流傳於後世，並發揚光大。我在各位面前衷心發下誓願——如果我所傳譯的經典沒有錯謬，願我的身體火化之後，舌頭不會焦爛。」

後秦姚興弘始十一年八月二十日（西元四一三年），什師於長安圓寂；在逍遙園火化後，果然如什師之誓言，其舌根未因火焚而焦爛、化為灰燼。這正應驗了他生前的誓願，也由此「證明」其所譯經典的正確！

眾僧謹遵什師的叮囑，在他圓寂後，將他的舌舍利運往呂光為什師所建、位於涼州的鳩摩羅什寺供奉。時至今日，這顆世上唯一的舌舍利依然保存在羅什寺（塔）中。

什師入寂後，曾有自他國來到漢地的僧侶認為，什師所通曉的佛法，世人由其宣說而知道、理解的，還不及什師的十分之一。由此可見什師學問之深廣，亦令人感嘆什師世緣早盡，未能替後人留下更多智慧寶藏。

據傳為唐朝道宣律師所撰的《律相感通傳》中，記載著一則關於什師的事蹟，借此讚頌什師譯經之筆力與願力。此傳中敘述，天神韋將軍與其屬下眾多神人分別來謁，與道宣展開關於佛教諸般事蹟的對話。其中提及，道宣律師問天人陸玄暢：

什師一代所翻之經，至今若新，受持轉盛，何耶？

答曰：其人聰明善解大乘，以下諸人並皆俊艾，一代之寶也；絕後光前，仰之所不及。故其所譯，以悟達為先，得佛遺寄之意也，又從毘婆尸佛已來譯經。

又問：俗中常論以淪陷戒檢為言。

答：此不須評，非悠悠者所議。什師今位階三賢，所在通化；然其譯經刪補繁闕，隨機而作，故大論一部十分略九，自餘經論例此可知。自出經後，至今盛誦，無有替廢；冥祥感降，歷代彌新；以此證量深會聖旨，及文殊指授令其刪定，特異恒倫；豈以別室見譏，頓忘玄致，殊不足涉言也。

依天人所言，什師所譯經論之所以能歷久彌新，原來是因為其為過去七佛的譯經師——過去七佛所說的經典都由他來翻譯，所以他所翻譯的經典，乃深明佛意，沒有錯謬之處。天人並特別強調，勿因眾人悠悠之口，反而忘了什師所譯之經論要義及什師之本懷。

所謂「過去七佛」，乃是離現世最近、依次出世的七位佛陀，分別為：第一位是毗婆尸佛，第二是尸棄佛，第三毗舍浮佛，第四拘留孫佛，第五拘那含牟尼佛，第六迦葉佛，第七就是本師釋迦牟尼佛。

依據這段問答可知，什師及其過去世，是七佛以來的譯經師，譯經為其宿世本願，藉此宣弘佛法。歷代因什師譯出經論而啟悟佛法者眾多，著名的例證有：慧文大師讀《中論》、《大智度論》而悟「一心三觀」，開啟天台教觀心要；惠能大師聽聞《金剛經》「應無所住而生其心」一句而大悟，《金剛經》亦成為日後禪宗印心之經典；身兼天台與禪宗之長的永嘉大師，因讀《維摩詰經》而發明心地。

凡此種種，可見什師之譯經事業實是傳續佛法慧命的千秋大業。

道宣律師

據載，唐代道宣律師十五歲於日嚴寺出家，二十歲至大禪定寺受具足戒，先後依止智者大師、智首律師鑽研律學，之後四方參學。

唐武德七年（六二四年），道宣結廬終南山，居淨業寺。此後四十餘年，除被禮請參加玄奘法師在長安的譯場外，均在淨業寺潛心禪定，研究律學。

後人因他長期居於終南山，並在淨業寺樹立律學範疇，即稱他所傳弘的《四分律》學為南山宗，並稱他為南山律師。

唐高宗李治時，敕令僧人跪拜君主。為維護佛門的地位與律儀的純粹，道宣率弟子多次與皇權周旋，終於護法成功，迫使高宗收回了敕令。其對戒律之恪守、及其不畏世俗權勢之風骨，由此可見一斑。

道宣門下有受法傳教弟子千人，接續闡揚他的遺教，弘化頗盛，朝野崇奉，南山一宗風行更廣。至今，華人地區的大乘出家僧徒，大多以他的《四分律》學為行持的楷模。

道宣著述頗豐，所著之《四分律刪繁補闕行事鈔》、《四分律刪補隨機羯磨疏》、《四分律比丘含注戒本疏》、《四分律比丘尼鈔》、《四分律拾毗尼義鈔》稱為「南山宗五大部」；另其所著之《續高僧傳》、《廣弘明集》等，則為佛教文學與史學的重要名著。

當代學者對於什師亦多所讚譽。什師與真諦、玄奘、不空合稱為「譯經四大家」，對佛教經論之貢獻甚偉；而就近代學者的考據及見解，什師的貢獻可說更高於其他三位。

如清末民初之思想家、史學家、文學家梁啟超即云：「譯經大師，前有鳩摩羅什，後有玄奘。玄奘法師卷帙，雖富於羅什；而什公範圍，則廣於奘。」

他並高度評價什師的譯作：「什公秦、梵兩嫻，誦寫自在，信而後達，達而後雅。非有天才，不易學步耶！」又說：「羅什非惟能操漢語，且善屬文，其〈贈法和詩〉及與慧遠往復書，雖顏、鮑、沈、任，不是過也。故所譯文質斐亹，傳誦不衰。」（《佛學研究十八篇．佛典之翻譯》）

宋朝贊寧認為：「童壽譯《法華》，可謂折中，有天然西域之語趣。」（《宋高僧傳．卷三》）梁啟超對此評道：『天然語趣』四字，洵乃精評。自羅什諸經論出，然後我國之翻譯文學，完全成立。蓋有外來『語趣』輸入，則文學內容之擴大，而其素質乃起一大變化也。」其並詳細分析「翻譯文學」的形式特點，認為這種文體的確立，「羅什與門下諸彥實尸其功。若專從文學方面較量，後此譯家，亦竟未能過什門者也。」（梁啟超《佛學研究十八篇．翻譯文學與佛典》）

身為著名的歷史學家、語言學家，陳寅恪先生則以為：「嘗論支那佛教史，要以鳩摩羅什之時為最盛時代。中國自創之佛宗，如天台宗等，追稽其原始，莫不導源於羅什，蓋非偶然也。」

陳寅恪推崇什師，認為他的譯經藝術實優於玄奘，有三個特色：「一為刪去原文繁重，二為不拘原文體制，三為變易原文。」也因其譯經藝術之高明，因此讓佛典更能為普及與流行；就此影響而言，什師的譯經可說無人能及：「予嘗謂鳩摩羅什翻譯之功，數千年間，僅玄奘可以與之抗席。今日中土佛經譯本，舉世所流行者，如金剛法華之類，莫不出自其手。若言普及，雖慈恩猶不能及。」（〈童受《喻鬘論》梵文殘本跋〉）

周作人為民初著名的文學家、翻譯家、思想家；他從翻譯及文學兩方面，指出了什師之高明與成就：「兩晉六朝的的譯本多有文情俱勝者，但以什法師最有名。那種駢散合用的文體當然因新的需要而興起，但能恰好的利用舊文字的能力去表出新意思，實在是很有意義的一種成就。這固然是翻譯史上的一段光輝，可是在中國文學史上意義也很不小。」無怪乎著名學者、前中研院院長胡適亦認為：「在當日過渡時期，羅什的譯法可算是最適宜的法子。」（《佛

教的翻譯文學》）

凡此種種事蹟及評論，莫不在強調著什師譯經事業之高明及偉大。從什師所翻譯的經典而言，可知他致力弘揚的，主要是根據般若經類而建立的龍樹一系的大乘中觀思想；而他所譯出的經論涵括深廣，在中國佛教史具有極為重要的地位及影響。

什師所譯之經論，對中國甚至整個東亞的大乘佛教發展確實產生的深遠影響。正是他將大乘學說詳加介紹，推動了大乘佛教在中原的發展，其所譯經論後來皆相繼傳入朝鮮和日本，不少中國佛教宗派及東亞佛教派別立宗的重要依據就是他翻譯的佛教經典。

例如，依《成實論》而立成實宗；《中》、《百》、《十二門論》至隋代吉藏而集三論宗之大成，什師亦因此被尊為三論宗之祖（三論再加上《大智度論》，則衍生成為「四論宗」）；《大智度論》、《法華經》為天台宗義理發展之根本經論；《十地經》與《十住毗婆沙論》與華嚴宗教理之建立有關；後世廣為傳誦的《維摩詰經》、《金剛經》，為禪宗之印心與傳誦的經典；《阿彌陀經》則為淨土宗的依據；《梵網經》及《十誦律》則是律宗必定修習之重要典籍。

在中國佛教史上，什師承先啟後，其所譯經論傳誦千古，佛教信眾亦可琅琅上口，對於佛教思想在中國的弘揚，可說是功不可沒。

憑弔什師之所在

典型在夙昔；除了可由諸多經論汲取佛法之精髓與體會什師之譯筆精妙外，亦可於舊日什師之所行、所居，遙想古聖身影及風範。

草堂寺

草堂寺在陝西戶縣縣城東南二十公里，位於圭峰山下。

草堂寺址原有一寺院名為「大寺」。什師帶領什門「四聖」、「八俊」、「十哲」及三千弟子，由渭水濱逍遙園搬至此寺譯經；因用草苫搭棚，後人改「大寺」為草堂寺。

由於《中論》、《百論》、《十二門論》都是什師於草堂寺譯出，為三論宗思想之根據，所以什師被尊為該宗之中國初祖，草堂寺也因此被奉為三論宗祖庭。

什師譯出《成實論》，大力弘揚成實派宗風，所以草堂寺又被視為「成實宗」的祖庭。

華嚴宗五祖宗密禪師曾在草堂寺著書講學多年，所以此寺亦被視為華嚴宗祖庭。

日本日蓮上人專依什師所譯的《法華經》建立日蓮宗，日蓮宗信徒便將草堂寺視為其在中國的祖庭，並尊什師為初祖。

草堂寺被中國佛教成實宗、三論宗、華嚴宗和日本佛教日蓮宗尊奉為祖庭，可說是佛教界獨一無二的。

羅什寺塔

羅什寺塔，坐落在今甘肅武威城北大街西側。據史書載東晉太元十年（三八五年），什師至姑臧（今甘肅武威），在此待了十餘年，潛心學習漢語，同時講經說法。後來人們為了紀念他，在他的居地同時建寺築塔。

這座塔之後屢遭地震等災害中毀損，但在唐、宋、明、清時都曾得到官方的重視與修繕。現今的青灰色八角十三級磚塔，乃於一九二七年之後所重建。

白馬塔

白馬塔位於敦煌古城遺址城內南部。相傳什師隨呂光大軍東歸，行至敦煌郡時，他的坐騎白馬死於此，便將其埋於此處，後秦建塔紀念。塔九層，高約十二公尺。現存塔則為清朝道光年間重建。

鳩摩羅什村

當地人稱「鳩摩羅什堡」或「羅什堡村」，在現今陝西省戶縣城南三公里許。

之所以用「鳩摩羅什」命名，有三個說法：一為，因什師曾遊歷至此，當地亦建有鳩摩羅什寺，故以寺名村。二是什師由後涼至長安時所帶之隨從，於此落腳，繁衍而成村。三則疑為因什師「後代」居於此地；至於其「後代」的由來，即為《晉書．鳩摩羅什傳》所載之：「興乃召宮女進之，一交生二子焉。」當然，其事實則有待考證、商榷。

在戶縣的鳩摩羅什寺內原有一「淨土樹」。據乾隆年間《戶縣新志》記載：

「縣南八里，寺內有淨土樹，一本六株；俗稱鳩摩羅什憩此，覆其履中土於地而生者。春華秋實，殼內結實如土，故名淨土。」民國年間，淨土樹先後枯死，今唯立石碑紀念。

石窟壁畫

此外，鳩摩羅什所翻譯的《妙法蓮華經》、《維摩詰經》、《阿彌陀經》對甘肅麥積山石窟、敦煌石窟、山西雲岡石窟的壁畫和造像影響都十分巨大。各石窟出現的「維摩詰經變」、「阿彌陀經變」、「西方淨土經變」內容，以及二佛並坐（《法華經》）雕刻等，都以鳩摩羅什所譯的經文為藍本。

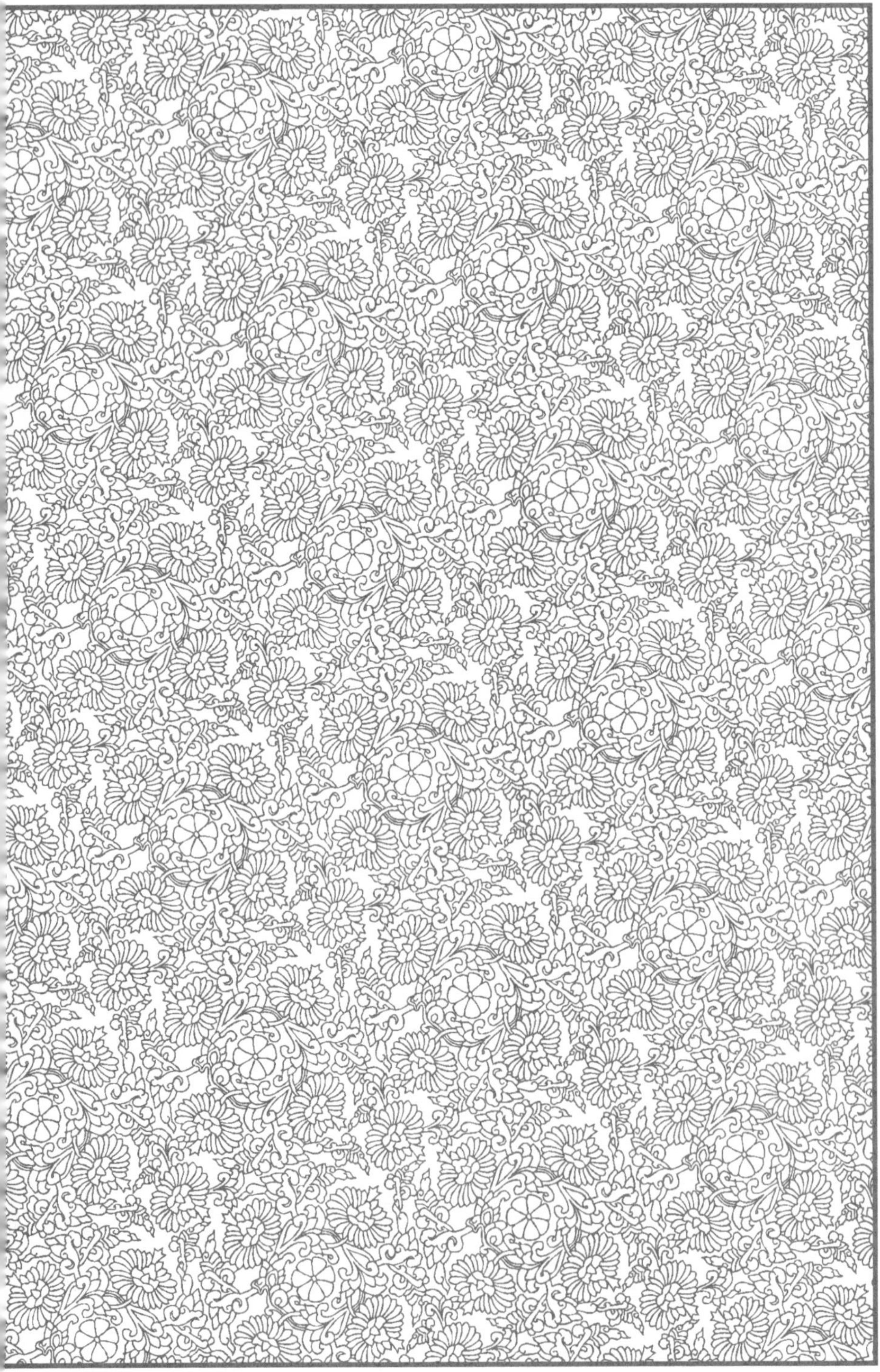

影響

壹・龍樹與中觀

吾昔學小乘，如人不識金，以鍮石為妙。因廣求義要，受誦《中》《百》二論及《十二門》等。

鳩摩羅什起初修習的主要是小乘說一切有部的佛法；在疏勒與須耶利蘇摩交流時，才學習到大乘佛法，而且是龍樹一脈傳承下來的中觀學派。在本章中，便簡要介紹龍樹菩薩的生平、貢獻，以及其所傳授的中觀思想。

一、龍樹菩薩——中國八宗共祖

佛教中觀學派的創建者為龍樹（梵文為Nāgārjuna，西元一五〇至二五〇年）。據說，他在樹下出生，所以名為阿周那（arjuna）——其意為樹。nāgā

為「龍」或象；因為他師承大龍菩薩，其成道亦與龍族有關，所以名為「龍樹」。

此外，arjuna 有「威猛」之意，又因為 Arjuna（阿周那）是印度史詩《摩訶婆羅多》裡般度五兄弟之一，最為勇猛，所以玄奘又譯為「龍猛」，並以舊譯為非。北魏般若流支則譯為「龍勝」。西藏譯為「龍成」，因為 arjuna 的字根 arj 為「得到、成就」的意思。

龍樹據稱是大乘佛教的開創者。在小乘佛教向大乘過渡的時期，他繼承了佛陀的緣起思想，批判了當時流行的諸般思潮，對於澄清及開展佛陀緣起性空思想，頗有重要的影響。後人承繼了龍樹的中觀般若思想，讓大乘佛教由印度往東亞傳播，令大乘佛教延續了近二千年，對藏傳佛教以及中、日、韓之漢傳佛教的發展都有著莫大影響。

龍還是蛇？

印度及藏傳佛教的龍樹菩薩形象為：著三法衣，雙手當胸結說法印，坐於八瓣白蓮花座日輪墊上，法相後面有七條大蛇，威猛恐怖；另一說為並非七條蛇，而是一條蛇有七頭。

龍樹菩薩不是與「龍」有關嗎？為什麼其法相的背後是蛇呢？原來，其名號裡的「龍」字，乃是中國佛教徒的翻譯；在梵語裡，被譯為「龍」的「nāgā」，在印度是特指蛇的。

布敦《佛教史大寶藏論》則對 nāgā 一語另有善解：「梵文之 nāgā 意為『龍』，其含義生於法界，不住常斷二邊，擁有經教大寶藏，具足毀邪顯正之見，故名為『龍』。」

龍樹菩薩的出世，在佛經《摩訶摩耶經》和《入楞伽經．卷九》便已中有授記。《摩訶摩耶經．卷下》云：「正法於此，便就滅盡。六百歲已，九十六種諸外道等，邪見競興，破滅佛法；有一比丘名曰馬鳴，善說法要，降伏一切諸外道輩。七百歲已，有比丘名曰龍樹，善說法要，滅邪見幢，燃正法炬。」

此外，菩提流支所譯之《入楞伽經．卷九》中，甚至預記了龍樹菩薩所證之果位以及往生之淨土：「大慧汝諦聽，有人持我法。於南大國中，有大德比丘名龍樹菩薩，能破有無見，為人說我法，大乘無上法；證得歡喜地，往生安樂國。」

與龍樹齊名的馬鳴菩薩

談到龍樹菩薩時，往往亦會提及馬鳴菩薩。馬鳴菩薩（Aśvaghoṣa），音譯「阿濕縛窶沙」，大約生活在西元二世紀或更早。佛教僧侶，在說一切有部出家，經常被歸為譬喻師一派。為古印度佛教宗師、詩人、劇作家。出身婆羅門種姓，原為論師文士，從富那耶奢（Puṇyayaśas）出家。

一般認為，馬鳴菩薩是在龍樹菩薩之前的大乘祖師，他出生於波羅奈國的王族，原本修學印度教的數論派，在中天竺出家為外道沙門，世智聰辯、善通論議，他尤其擅於文藝、聲明、詩歌。

在印度的文學史上，馬鳴菩薩被列為印度的六大詩人之一，甚至是全世界最早的十大詩人之一。他的作品中最有名的一本，後來甚至成為全印度文學家皆須學習及受其影響者，就是他所著的《佛所行讚》（Buddhacarita）。

關於其皈依佛教的因緣為：禪宗第十祖脅尊者（Pārśva）在北天竺，知道了馬鳴菩薩度化的因緣已到，所以派弟子來度化馬鳴。因此，禪宗的西天二十八祖當中，第十祖是脅尊者，第十一祖為脅尊者的弟子富那夜奢，第十二祖便是馬鳴尊者。

當他遊歷到華氏城，也就是摩揭陀國的首都，現在印度的巴特那大城；為了度化眾生，他創作了美妙的詩歌，並且還配上音樂來演唱，稱為賴吒和羅樂曲，內容正是演說佛法中的無常、苦、空、無我。結果全城的老百姓為之風靡，皇族中的五百王子都因為被這首樂曲所感動，竟然都出家為僧；國王只好來請求馬鳴菩薩不要再演唱這一首樂曲，否則王朝就要斷後了。

當時說法的現場前面恰巧有七隻馬綁在那邊吃草，所以也聽到了菩薩說法；這些馬聽到菩薩的法教之後，都留下了眼淚而悲鳴，竟然不肯吃草了。因此，大家傳頌，連馬都聽得懂菩薩的法音而且悲鳴，所以尊稱菩薩為「馬鳴」。

在中國佛教史上，馬鳴菩薩則是以《大乘起信論》的作者著稱。《大乘起信論》據傳為馬鳴菩薩所造、南朝的真諦三藏譯。本論簡明扼要地概述了「如來藏（真如）緣起」、「一心開二門」思想，目的在於引領修習佛法者瞭解大乘佛法之根本意旨，從「眾生心」開始經修行而斷諸惑，得以證入真如。

本論分為因緣分、立義分、解釋分、修行信心分和勸修利益分五大部分，闡明「一心」、「二門」、「三大」的理論和「四信」、「五行」的修持方法。

「一心」，即如來藏心；萬法源出於此，包攝一切世間法和出世間法。

「二門」，指心真如門（清淨）和心生滅門（汙染）。心真如門有離言、依言兩種；心生滅門則分為流轉、還滅二門。

「三大」，謂體大、相大、用大。「體」即本體，又名真如，於中一切法平等，不增不減；「相」即形相，又名如來藏，具有無量善性功德；「用」即功用，謂由如來藏產生一切善因善果，為修證菩提妙覺之所由。

「四信」，意為相信根本真如和佛、法、僧三寶。

「五行」，即修持布施、持戒、忍辱、精進、止觀（即包括定、慧）五種德行。

由於此論結構嚴整、文義流暢、解行兼重，古今佛教學人盛行傳誦，被視為大乘佛教的重要論典，深受天台宗、華嚴宗、禪宗、淨土宗等中國大乘宗派所重視。

據隋朝淨影慧遠《大乘起信論義疏》記載，馬鳴菩薩造《大乘起信論》；唐朝智昇《開元釋教錄》亦補充記載，《大乘起信論》

為馬鳴所造。

然而，亦有懷疑此書並非馬鳴所著的說法。法經等人所編纂的《法經錄》卷五有云：「《大乘起信論》一卷，人云真諦譯，勘真諦錄無此論，故入疑。」

在日本十二世紀的珍海所撰《三論玄疏文義要》中，引用唐代均正《四論玄》云：「《四論玄》第十，詳《起信論》云，北地諸論師，云非馬鳴造。昔日地論師造（論），借菩薩名目之故，尋覓翻經論目錄中無有也。未知定是不也。」其他如湛睿的《起信論決疑鈔》、賢寶的《寶冊抄》、快道的《起信論義記懸談》等《起信論》的注釋書，也引用了同樣一段文字。

晚唐新羅僧侶珍嵩在其《探玄記私記》云：「馬鳴《起信論》一卷，依《漸刹經》二卷造此論。而道跡師目錄中云，此經是偽經。」

雖說當代學者對於《大乘起信論》的作者仍有爭議；然而，這部論典所展現的思想啟發極為重要，則是無庸置疑的。

關於龍樹菩薩的生平，在鳩摩羅什所譯的《龍樹菩薩傳》中有較詳細的記載。據傳中所言，龍樹出身南印度，為婆羅門種姓，少年時學習吠陀經典，同時也精通各種學問及法術，年輕時名氣就很大。

他有三個同齡好友，都是學識超群。正所謂年少輕狂，他們都覺得：「世間的深奧道理，我們全都學會了，還有什麼可以讓自己開心的呢？盡情享受感官欲望才是人生最快樂的事。怎樣才能盡情享樂呢？唯有隱身術才能辦得到。」他們便一起去尋找會法術的人，學習隱身術。

四人學成隱身術之後，便無拘無束、隨心所欲，時常潛入王宮，宮中所有的美人都被侵犯欺凌，甚至有人因此懷孕。大家非常害怕，只能據實向國王稟報，以免受罰。

國王相當憤怒，臣子便獻計：用沙子鋪在王宮內，並埋伏了許多衛士。當他們再度潛入王宮時，雖然沒人能看見他們，但有足跡留在沙子上，兵士就揮刀斬去，三個好友隨即就被砍死了。至於龍樹，因他小心翼翼地縮著身軀、屏住氣息，躲在國王身邊，所以沒被刀砍到。

這時，龍樹才深深體會到欲望是痛苦的根源，是所有禍患的根本，敗壞道德、危害身命，都是因貪欲而引起的：「欲為苦本、眾禍之根，敗德危身，皆由此起」他當下便發誓說：「我如果能逃離這場劫難，一定要去拜沙門為師、求受出家法。」

傳統上認為，龍樹是在小乘的說一切有部出家的。出家後的龍樹，由於他的聰明才智，據說他三個月就讀完了佛教的三藏；為了求得更深的佛法，他開始了求道之旅。之後，他到達喜瑪拉雅山中的一座佛塔，一名老比丘傳給他大乘經典，這比他以前所修習的一切有部理論更加精深；他雖然未能完全通達，但仍不滿足。

從他出家時到山裡的佛塔受戒，以及受學於佛塔老比丘，可以看出，龍樹是與大眾系中有大乘思想的人及教義息息相通的；因為，有一種說法是，大眾系有習可能是以護衛佛塔的一批信徒組織起來的。

這段期間，來自外道論師及不同宗派的沙門辯難，全部被龍樹折服。有一位外道弟子便對龍樹說：「老師您是一切智人，為何現在還繼續作佛弟子？之所以為人弟子，是因所學不足，難道您所學還不夠？如果還有一事不知道，就不是一切智者。」

對於弟子的問題，龍樹一時不知如何回答，或許也因自己仍有恃才傲物的習氣，因而起了貢高我慢之心：「了解諸法的途徑很多，佛經雖然奧妙，如果以理來推演，仍有不足的地方；不足的地方還是可以用推論來理解。用這種方法引導後學，於道理上站得住腳，於行為上亦沒有過失，又有什麼關係呢？」

因此，他便打算以自己為祖師，另立經法、戒律，改造服裝，依附著佛教而稍做改變，表示自己所傳的不是完全接受傳統的佛教教法。他還想選定日期為弟子們傳授新的戒律、穿著新改制的僧服。

大龍菩薩——應是屬於大乘佛教的修行者——看到這種情形，覺得很可惜並憐愍他，便將他接引到「龍宮」，閱讀諸方等大乘深奧經典，藉此學習無量妙法；龍樹這才知道佛法之廣大精微，他所知的不過是其中的一小部分罷了。三個月後，通解甚多，深入無生，具足「生忍」及「法忍」。

在龍宮中，龍樹還誦讀了《華嚴經》，如《華嚴傳》中所云：「依《智論》，大乘經多是文殊結集。佛既涅槃，諸聖隨隱，邪興，無大乘器，故攝《華嚴》等大乘教法，置在龍宮六百年，龍樹入海誦之傳世。」

現代的佛教學者認為，「入龍宮」這樣的說法只是一種比喻，並提出了幾種可能性，指出「龍宮」或許是：一、海邊；二、宗祠；三、龍王廟；四、某一印度當地部落。

總之，不論「龍宮」是真實的存在，或是意喻某座宗祠、某個部落，都旨在說明經典所在的偏遠深密。由此可見，大乘佛典的結集、大乘佛教的興起，是非常艱辛的求索追求的過程。

待諸般條件具足成熟後，龍樹菩薩的橫空出世，擔負了宣揚大乘佛教的艱巨歷史使命。

「生忍」與「法忍」

對於這兩種「忍」，《大智度論》裡有所解釋。《智論・卷三十》云：

菩薩求佛道故，要行二忍：生忍、法忍。行生忍故，一切眾生中發慈悲心，滅無量劫罪，得無量福德。行法忍故，破諸無明，得無量智慧，二行和合故，何願不得。

何謂「生忍」？《智論・卷一四》云：

問曰：云何名生忍？

答曰：有二種眾生來向菩薩，一者恭敬供養，二者瞋罵打害；爾時菩薩其心能忍。

問曰：云何恭敬供養名之為忍？

答曰：有二種結使，一者屬愛結使，二者屬恚結使。恭敬供養雖不生恚，令心愛著，是名軟賊。……是結使生處。

論中將「生忍」——因眾生引起的煩惱——分為二類，一者屬「愛」，二者屬「恚」。「恚」，即滅諸善法及壞悲心。至於「愛」，則是指眾生之利養；因利養能令心貪愛執著，讓修行者為之昏迷倒惑造業，亦障菩薩法，因此也名為生忍。

一般人會感到意外的是，對於菩薩而言，不只要忍瞋罵打害，連恭敬供養亦要忍；而且，後者可能更為重要。因為，遇到瞋害等逆境時可能尚知提醒自己，對於他人的恭敬則免不了愛著、貪著。

至於「法忍」，如《智論・卷一五》所云：

觀諸法實相，心不退不悔、不隨諸觀、亦無所憂，能得自利利他，是名法忍。是法忍有三種：一、行清淨不見忍辱法；二、不見己身；三、不見忍辱人，不戲論諸法，是時名清淨法忍。以是事說菩薩住般若波羅蜜中，能具足羼提波羅蜜。

簡要地說，所謂「法忍」，便是依無所得之般若空慧，觀見諸法無有自性，諸法皆因緣和合，因此只有假名——「人」與「法」。一切法常自寂靜、空、無相，何有一法可瞋？法既然空，又哪裡來的瞋者？所以說「不見忍法、己身、罵辱者」，三者皆了不可得，這便是所謂的菩薩之清淨法忍、具足忍辱波羅蜜。

換言之，不只布施波羅蜜之究竟為施者、受施者、被施物「三輪體空」，連忍辱波羅蜜亦是三輪體空。

龍樹得道後，就回到南印度弘揚佛教。有婆羅門妒忌龍樹，要求鬥法，他以法術化了一個大池，自己坐到池中的蓮華上，並斥責龍樹。龍樹化現了一隻六牙白象，坐在其上，用象鼻把婆羅門拋在地下，使他折服。

有一位國王排斥佛教，龍樹就應徵成為國王的將軍，在短時間內就把軍隊治理得井井有條。國王大喜，就問他是什麼人，龍樹說是「一切智人」。龍樹還運用神通，使國王看到天上正在作戰的神祇和惡魔。國王及諸婆羅門因此皈依了佛教，佛教在南印度也就得以弘揚。

關於龍樹的入滅，《龍樹菩薩傳》記載的是：有一位小乘法師因和他論辯輸了，心中極為不滿；某次，龍樹遇到他時問道：「你是否嫌我活得太長命？」那人說：「是呀！你活著讓我不快樂。」（龍樹將去此世，而問之曰：汝樂我久住此世不？答言：實所不願也。）龍樹聽了他說的話之後，便進入了精舍，很久都沒有出來；當有人將門打開時，發現龍樹已經圓寂。

據玄奘《大唐西域記》所載的傳說則是：龍樹為憍薩羅國引正王做長壽

藥，太子則想早點繼承王位，便向龍樹要求布施人頭，龍樹就自刎了。

至於藏傳資料的記載，龍樹的入滅極有可能與政爭有關。作為一大乘行者，他積極地參與世間政治，不時地勸化統治者；從《寶行王正論》與《勸誡王頌》之類的著作中，便可看出龍樹菩薩對政治涉入之深。這兩部龍樹的著作，可說完全是針對統治者而寫的；在浩如煙海的佛教經論中，這是頗為希有的。

正因如此，龍樹的一生充滿著波折與艱辛；他的思想傳播與政治現況不斷產生衝突，而且與當時社會上的其他思潮更是格格不入，難免產生劇烈的衝突，這種衝突強烈到足以用性命相爭的地步。龍樹就是在這樣的鬥爭中弘揚和發展他的大乘中觀理論，推動大乘佛教發展。

其弟子亦承襲了他的傳道風格。依《大唐西域記》所載，龍樹菩薩大弟子提婆（Āryadeva，一七〇至二七〇年），智慧明敏、機神警悟；他欲摧破邪見外道，便請龍樹擔任外道的角色；龍樹以外道論點力挺外道義理，提婆則依龍樹所授佛法破斥外道謬理；如此辯難七日之後，龍樹亦失其所立之外道義。他便允許提婆擊法鼓，與外道論議，隨外道之所說而予以析破，摧伏諸外道之法義。

由此可見，摧伏外道、破斥邪見、作師子吼、護持並弘傳佛陀正法、紹繼佛種、續佛法脈、以初地菩薩的證量遍行法施，造諸論利益有情，可說是龍樹菩薩對於大乘佛教的貢獻，亦是其在大乘佛教史上應有的定位。

千部論主

龍樹的著作浩繁，故有「千部論主」之稱；保留到現在，蒐羅於漢傳《大藏經》中的就有十九種。在藏文譯本中，龍樹的著作有一百一十八種之多，其中許多是關於密教的。藏文譯本與漢文譯本重複的，則只有十一種。龍樹有六種顯教方面的著作很為人重視，被稱為「六如理聚」，分別是：《中論》、《七十空性論》、《六十如理論》、《迴諍論》、《廣破論》、《寶行王正論》。

十九部漢譯著作又可分為宗論部、釋經部、集經部、頌贊部——

宗論部：

《中論》四卷　鳩摩羅什譯

《十二門論》一卷　鳩摩羅什譯

《順中論義入般若法門》二卷　無著菩薩釋　元魏．般若流支譯

《大乘破有論》一卷　宋．施護譯

《大乘二十頌論》一卷　宋．施護譯

《六十頌如理論》一卷　宋．施護譯

《壹輸盧迦論》一卷　後魏．瞿曇流支譯

《迴諍論》一卷　後魏．毗目智仙及瞿曇流支譯

《菩提資糧論》六卷　隋．達摩笈多譯

《菩提心離相論》一卷　宋．施護譯

《十八空論》一卷　陳．真諦譯

《釋摩訶衍論》十卷　姚秦・筏提摩多譯

釋經部：

《大智度論》一百卷　鳩摩羅什譯

《十住毗婆沙論》十七卷　鳩摩羅什譯

集經部：

《福蓋正行所集經》十二卷　宋・日稱等譯

《菩提行經》四卷　宋・天息災譯

頌贊部：

《為禪陀伽王說法要偈》（《勸發諸王要偈》、《龍樹菩薩勸誡王頌》）

《頌法界頌》

《廣大發願頌》

《十二禮贊阿彌陀佛文》
《因緣心論頌．因緣心論譯》

龍樹作品中，只有《中論》與《迴諍論》的梵文本仍然完整留存。

在龍樹的主要著作中，人們比較熟悉的是《中論》、《十二門論》、《菩提資糧論》、《大智度論》、《十住毗婆沙論》等。其中，《中論》中講到了「八不緣起」、「無自性」、「二諦」、「實相涅槃」等思想；《十二門論》是從十二個面向對《中論》中所闡述的緣起性空思想進行解說，是對《中論》思想的進一步闡發。《菩提資糧論》是論說，要達到對緣起性空、中道實相的認識，一定要積集福德資糧，否則就會落於事物性空的一面，而對事物緣起「假名有」的一面認識不夠。《大智度論》是對《大般若經》的解釋，所以《大智度論》又譯為《摩訶般若釋論》。

龍樹的思想傑出，他的著作頗多，對大乘佛教影響很大，所以後來便有人將一些闡述佛教緣起性空論著說成是龍樹菩薩所造，以增加論著的影響，甚至把一些闡述唯識思想的著作也說成是龍樹所作，如真諦譯的《十八空論》。不過，這正說明了龍樹菩薩思想的價值，以及他對後世佛教發展的影響。

龍樹學被稱「中觀派」，可見《中（觀）論》甚為人所重視。然而，印順法師則認為，龍樹為大乘行者，是本於深觀而修廣大行的，所以更應從《大智度論》、《十住毗婆沙論》去理解大乘的全貌。

八宗共祖

「八宗」之說緣自日僧凝然（西元一二四〇至一三二一年）的《八宗綱要鈔》。原本指的是「小乘二宗」——成實宗、俱舍宗，加上「大乘六宗」——律宗、三論宗、天台宗、法相宗、華嚴宗、真言宗。但由於中國禪宗、淨土宗的興起，所以又有「十宗」的說法，即於大乘六宗之外再加上禪宗及淨土宗。

由於龍樹的思想對後來的漢傳佛教發展影響很大，所以被稱中國佛教「八宗共祖」。以下，便參酌諸見，就龍樹與中國大乘八宗的關係做一簡要說明。

【淨土宗】

淨土宗倡導往生基於阿彌陀佛願力所建立的西方淨土，尊東晉慧遠為初祖。龍樹作的《十住毗婆沙論》中有〈易行品〉一章，述說淨土法門道理簡單、較易實行，是可視為修習佛法之捷徑。因此，淨土宗人便將龍樹視為祖師之一，認為自己是義學以外的捷徑法門，並把龍樹所言視為調和淨土思想和其他義學的依據。《大智度論．卷九十二》亦云：「如是等佛土莊嚴名為淨土，如阿彌陀等諸經中說。」

【天台宗】

被譽為「東土小釋迦」的隋代智顗（智者大師）所奠定思想基礎的天台宗，

其上承慧文、慧思之學，這兩位也與《中論》及《大智度論》有關。慧文主張「三智、三觀」、慧思主張「一心三觀（空假中）」，皆是由龍樹思想而來。《摩訶止觀》中提及慧文：「文師用心，一依《釋論》。」智者大師在《觀心論》中也說自己是「歸命龍樹師」。以此之故，天台宗亦以龍樹為祖師。

【三論宗】

隋朝吉藏（嘉祥大師）開創的三論宗，以龍樹的《中論》、《十二門論》、和龍樹弟子提婆的《百論》為依據建立思想體系，而且什師來華所傳的就是龍樹正統的中觀思想，所以三論宗自然以龍樹為開山祖師了。

【華嚴宗】

華嚴宗以隋代杜順（法順）和尚為初祖，其根本經典即《華嚴經》。龍樹撰有《十住毗婆沙論》，對《華嚴經》的《十住品》加以註釋；此外，傳說龍樹曾深入龍宮誦讀《華嚴經》，從中悟入無生法忍，並使它流傳於世。因此，當華嚴宗人追溯印度法脈的傳承時，也就把龍樹視為自家的祖師之一。

【唯識宗】

唐代玄奘大師所開創的唯識宗是源於印度的瑜伽行派，而瑜伽行派實推崇龍樹之中觀思想。瑜伽行派與後期的中觀學之間雖然有著很深的分歧，但瑜伽行派學者並不否認龍樹的思想和成就；他們只是認為，龍樹中觀思想的學習者在論說「空」時恐有執著於「惡取空」的傾向，如此則不利於實修；所以，就從「萬法唯識」分析宇宙萬有、包括吾人身心之形成。

唯識行者其實也認為自己的思想與龍樹般若思想有關。他們認為其重要的「三性」思想（遍計所執性、依他起性、圓成實性），是從龍樹的二諦理論發展而來，是龍樹思想二諦思想的必然結果；據研究，《解深密經》為首的唯識論典中，其對於二諦的理解，就作為教說的形式上，是與般若以及龍樹的思想一致，亦即：將世俗諦作為是言說、概念所表達的，而且是虛妄的、不真實的，而將勝義諦視為是不可言說、離言的境界。當代知名唯識學者歐陽竟無便認為，龍樹思想中亦有談法相的一面。

他們亦認為，經瑜伽修習最後亦是證得般若（轉識成智），乃是證入菩提的最勝方便，兩者實是一致的。由此可以了解，中國唯識宗的奠基者玄奘法師，其晚年為何要用極大心力翻譯出《大般若經》六百卷了。

由於瑜伽行派與龍樹思想之間的淵源，從瑜伽行派發展而來的漢傳唯識宗，亦可將尊龍樹列入所尊崇的祖師之一。

【律宗】

中國律宗之創建者為唐代道宣律師。至於龍樹跟律宗的關係，則與其出家的宗派有關。

南北朝齊梁高僧僧祐，在他的〈薩婆多部記目錄序〉（收入《出三藏記集·

雜錄卷十二》）中說：「大聖遷輝，歲紀綿邈，法僧不墮，其唯律乎！初集律藏，一軌共學，中代異執，五部各分。既分五部，則隨師傳習，唯薩婆多部遍行齊土。」這就是說律藏本來是共同結集及傳承的，之後分為五支，只有薩婆多部——即「說一切有部」的律法傳入中土。而龍樹據說是在說一切有部出家的，與大眾部的僧人多有接觸；因此，僧祐便將龍樹視為律宗的西方祖師之一，把他列為第三十四代，提婆則列為第三十五代。

【密宗】

據說龍樹曾開鐵塔，向金剛薩埵菩薩（顯教稱為普賢菩薩）請出密法，密法才開始在人間流傳，龍樹因而理所當然地成為密教的祖師。此外，唐朝「開元三大士」之一的金剛智（另兩位為善無畏及不空），說自己的老師是龍智，並說龍智是龍樹的弟子，龍樹與密教的關係可見相當密切了。

而在以密法為核心的藏傳佛教中，龍樹的中觀思想更是藏傳佛教中的主導思想，有著極為重要的地位。

【禪宗】

據載，龍樹為印度禪宗第十四祖，由第十三祖迦毗摩羅尊者得法之後，便於南印度傳法。

若就經籍方面談龍樹與禪宗的關係，則可從般若經切入。中國禪宗四祖道信便曾勸人「但念摩訶般若波羅蜜多」；五祖弘忍創東山法門，則是普勸僧俗讀誦《金剛般若波羅蜜經》；至於六祖惠能，其因《金剛經》而悟入，與其因緣就更密切了。《六祖壇經》全稱為《南宗頓教最上大乘摩訶般若波羅蜜經六祖惠能大師於韶州大梵寺施法壇經》，可見禪宗與般若經之間的關係。而龍樹的中觀思想皆是對於般若經義理的闡發，無怪乎其亦位列禪宗祖師之列。

龍樹在佛陀滅後七百年，非常準確地闡發了佛陀的緣起思想，使他們從新認識到佛教的最根本思想；而且他對佛陀的教法進行了系統化的整理工作，創立了中觀學，在他的理論中他徹底地貫徹佛陀宣講的緣起思想，對後來佛教的發展產生了很大影響，從這種意義上說，無怪乎其被譽為「佛陀第二」。

龍樹圓寂後，繼承人為弟子提婆。南印度地區的人為龍樹建廟，備受尊崇，與馬鳴、提婆、童受（Kumāralabdha，音譯為「鳩摩羅羅陀」）等共稱「四日照世」。大乘佛教中對他極為敬重，傳說他為初地菩薩：《大唐西域記・卷八》：「時南印度那伽閼刺樹那菩薩（唐言龍猛。舊譯曰龍樹，非也），幼傳雅譽，長擅高名，捨離欲愛，出家修學，深究妙理，位登初地。」

吉藏於其《中論序疏》中提到了慧遠及道安對龍樹的看法，二者皆認為他是十地的大菩薩：「匡山遠法師云：名貫道位，德備三忍，亦十地高仁也。」「舊云：龍樹是初地人。關內姚道安，學智度論，云：此是龍樹引眾生令入初地，而實是十地人也。」

吉藏本人則認為他為如來所示現：《中論序疏》：「問龍樹是何位之人？

答：聖跡無方，高下未易可測。僅依經傳，敘其淺深。睿公云：功格十地，道摸補處，是窮學之人。傳云：智慧日已頹，斯人令再耀，世昏寢已久，斯人悟令學。外國為之立廟事之若佛，安知非佛示為菩薩乎？」

龍樹所宣講的「中觀」思想，對大乘佛教的發展產生了極大的影響；此外，西方哲學界對他的思想也給了很高的評價。德國存在主義哲學家卡爾．雅斯培（Karl Jaspers,1883-1969）所著的《大哲學家》（*The Great Philosophers*）第一卷中，列舉了十五位世界「偉大哲學家」，其中就包括佛陀和龍樹。

二、中觀思想的建立

龍樹與其弟子提婆所大力宣說的思想，經後人的發展，形成大乘佛教裡的「中觀派」（mādhyamaka）。

中道與中觀

「中觀派」一詞，乃來自龍樹的代表作——中觀論（Madhyamakakārikā）。該學派以研究般若經為主，因此又叫做「般若派佛教」。

般若經是流傳在世紀初南印度的早期大乘經典，其主要思想在否定一切心物實體的存在，也就是「無自性」或「空」（śūnyatā）。而所謂的「般若」（Prajñā），也正是徹底了解這種無自性或空的智慧。

所有的般若經都強調六種完滿而超越的德行，那就是六種「波羅蜜多」（Pāramitā），亦即：布施、持戒、忍辱、精進、禪定、般若（智慧）。其中尤以「般若波羅蜜多」為最重要。而其宗教精神，乃強調不離開人間，而行六波羅蜜多的善行，以達到「空」的解脫境界；這有別於小乘佛教的厭棄人間。

根據現存梵文本，《中論》名為 Mūla-madhyamaka-kārikā，由三個單字組成。梵語 Mūla 是根本的意思。梵語 madhyamaka，是形容詞 madhya（中、中間）

加上最高級詞尾 ma 所形成的單字，意思是「最中」或「至中」。梵語 kārikā 是一種文體，為一種長行頌偈，用於議論之用，即論頌。因此，《中論》直譯應為《根本中論頌》。

若就《中論》一書之梵語為 Madhyamaka Sāstra；madhyamaka 一詞意指「中間」或「中道」；而 Sāstra，則相當於中文之「論」。

何以譯為「中論」？什師弟子僧叡在「中論序」中說：「以『中』為名者，照其實也；以『論』為稱者，盡其言也。」

吉藏為該論作疏時，則命名為《中觀論疏》，且為「中觀論」一名有所解說。其《三論玄義》道：

此（中）論之名有廣有略。所言略者，但稱中論。問何故但稱中論不題觀耶？答：『中』是所論之理實，『論』是能論之教門；若明理教故，義無不周也。所言廣者，加之以觀。……因中發觀，由觀宣論，要備三法義乃圓足也。……因中發觀故。以中為境，以觀為智；如說而行為觀，如行而說為論。以義唯此四故，名字但有三名也。次論通別門。通而為言，三字皆中皆觀皆論。簡言之，吉藏認為，若以「中」為境，「論」為宣說之教理，「觀」則為觀照、實踐之法門。

觀，梵文為Vipassanā，音譯為「毗婆舍那」，其意為觀察、思維，可以解釋為「用如此的方式去看」、「由此看」、「專注深入的觀看」、「周遍觀看」等；總之，以智慧觀察與抉擇，即是觀。《解深密經》卷三謂，毗婆舍那是在奢摩他定心中，對於所緣的影像進行思維，「能正思擇，周遍尋思，周遍伺察，若忍、若樂、若慧、若見、若觀，是名毗婆舍那。」般若經中，以智慧為觀察中道之依。

吉藏認為，以觀察中道作為修證的方法，即是中觀，也就是八正道中的正見；因此，吉藏亦稱中觀為「正觀」如《三論玄義》所言：「正觀論云：大聖說空法，為離諸見故。」

印順法師對「中道」及「中觀」二詞亦提出解釋，兼具思辨論證及實踐觀法，可供吾人參考。他在《中觀今論．第四章．中道之方法論》中說明：「用觀察的方法去觀察中道，即中觀；用論證的方法來論證中道，即中論。中觀與中論，同為研求發見中道的方法。然而，無論是觀察或論證的方法，都不是離開中道——真理，憑自己的情見去觀察論證的。觀察與論證的法則，即為中道諸法最高真理；為中道本有的——法性，必然的——法住，普遍的——法界，我們不過順著中道——最高真理的常遍法則，而觀察探求，去發見諸法的真理——中道。所以論證與觀察的方法，都是中道的。」

那麼，何謂「中道」呢？便是不落入生滅、常斷等「二邊」之見。佛陀在阿含經及般若經中，也常以「離於二邊」的中道來形容他的教法：

《雜阿含經．卷一〇》：「迦旃延！於此不疑、不惑，不由於他而能自知，是名正見如來所說。所以者何？迦旃延！如實正觀世間集者，則不生世間無見；如實正觀世間滅，則不生世間有見。迦旃延！如來離於二邊，說於中道。」

《雜阿含經．卷三四》：「我若答言有我，則增彼先來邪見；若答言無我，彼先癡惑，豈不更增癡惑？言先有我，從今斷滅；若先來有我，則是常見；於今斷滅則是斷見。如來離二邊處中說法。」

《雜阿含經．卷一二》：「自作自覺〔受〕，則墮常見；他作他覺〔受〕，則墮斷見。義說、法說，離此二邊，處於中道而說法，所謂此有故彼有，此起故彼起，……」

《般若波羅蜜多經．卷一七二》：「世尊！如是，般若波羅蜜多能示中道，令失路者離二邊故。」

在同為龍樹所著的《大智度論》中，也常以「中道」來說明離二邊之教法，甚至稱其即為般若波羅蜜：

《大智度論．卷二六》：「如〈迦葉問〉中，佛說：『我是一邊，無我是一邊，離此二邊，名為中道。』」

《大智度論．卷六》：「非有亦非無，亦無非有無，此語亦不受，如是名中道。」

《大智度論．卷四三》：「何等是般若波羅蜜？般若波羅蜜者，是一切諸法實相。……復次，常是一邊，斷滅是一邊，離是二邊，行中道，是為般若波羅蜜。」

龍樹的《中論》裡，將中道歸納為遠離生滅、斷常、一異、來出等二邊，又稱「八不中道」。在《大智度論》裡也有同樣及相近的說法；

《大智度論．卷五》：「如說諸法相偈：『不生不滅，不斷不常，不一不異，不去不來；因緣生法，滅諸戲論，佛能說是，我今當說。』」

《大智度論．卷六》：「復次，觀一切法：非空非不空，非有相非無相，非有作非無作；如是觀中，心亦不著，是名甚深法。如偈說：『因緣生法，是名空相，亦名假名，亦說中道。若法實有，不應還無，今無先有，是名為斷。不常不斷，亦不有無，心識處滅，言說亦盡。』於此深法信心無礙，不悔不沒，是名大忍成就。」

由此可見，如印順法師所言，龍樹承接了初期大乘，主要是「般若經」的

「大分深義」，直探阿含經的本義，並以阿毘曇加以抉擇，建立「中道」的性空思想。

根源於《雜阿含經》與大乘佛教般若經傳統，龍樹撰寫《中論》來闡述中觀思想與修證，提出二十七觀，以此來評破外道與其他學派的理論。龍樹認為，以般若慧觀察一切法，了解一切法皆是因緣生，皆是假名、皆是空，了解一切法無自性，就能夠了解世俗諦，因此遠離顛倒戲論，得知正確真實的因緣法，證入勝義諦。簡言之，藉由中觀，修習正見，得致涅槃。

中觀派的發展

龍樹的中觀論，為般若經的「空」，提供了有力的理論基礎。以當代學者的說法，他採用歸謬法（Pra-sangu），以及「四句否定」的方法，來證明般若經中的「空」所言無誤的，這可說是西洋邏輯學中之歸謬法

（Reductio ad Absurdum）和窮舉證法（Proof by Cases）的交互運用。在歸謬法與四句否定的推論下，中觀論得出了有名的「八不」（八種否定）中道，就是：不生、不滅、不斷、不常、不一、不異、不來、不去。事實上，所謂的「八不」，便是對宇宙萬物有其「實體」之觀念的否定。

龍樹的中觀學說，在提婆之後的百年間，一度衰微。詳細原因不明；一般認為，是與瑜伽行唯識學派的興起有關。瑜伽行唯識學派推重龍樹，但反對「一切法空」思想；他們重新詮釋龍樹學說，使它符合唯識派的見解。

六世紀的清辨（Bhavya，五〇〇至五七〇年）挺身反擊瑜伽行唯識學派對龍樹學說的詮釋，並且認為瑜伽行派所傳的彌勒《辨中邊論》之意旨不正確；他並發願，要等待彌勒出世，親自向彌勒菩薩詢問，究竟是清辨自身的見解正確，還是瑜伽行派所傳的正確。

清辨所傳承的中觀派，在論辯時會先建立自宗看法，再用自宗看法以辯破他宗，故稱為「中觀自續派」（svātantrika，自立量派）。而在教義上，他的見解與經量部（經、律、論三藏中唯以經為正量）相近，因而又被稱「順經部行中觀派」。

中觀派亦採用陳那（Dignāga，四八〇至五四〇年）所發展出來的因明學（邏輯），來證明一切皆「空」是正確的道理。由於因明學是唯識派的陳那所發展出來的，因此其後展開了一連串的論諍：到底是中觀派的「一切皆空」正確，或唯識派的「非一切皆空」正確？這就是有名的「空有之諍」，以清辨與唯識派學者安慧（Sthlramati，五一〇至五七〇年）為開端。

與清辨同時期的佛護（Buddhapālita，四七〇至五五〇年），則與其後世弟子月稱（Candrakīrti，六〇〇至六五〇年）建立中觀應成派（Prasaṅgika，隨應破派）；佛護作《中論釋》，月稱著有《中論明句釋》、《入中論》、《四百論釋》等。

月稱論師對中觀應成派的觀點進行了更為深入的立論，並對其他中觀宗的觀點予以充分之邏輯上的駁斥。他繼承佛護論師的觀點，主張直接通過應承辯破他宗「自相有」的說法，即可在所化機相續中生起證悟無我的智慧，故被稱為「中觀應成派」。

中觀應成派的學者以為，宇宙的真相（諸法實相），在遣除一切有實體的錯誤看法之後，即能自行顯現，沒有必要用如自續派一般的直接立論來說明宇宙的真相。所以，這派的學者採用歸謬證法，證明任何「諸法有實體（自性）」的看法都會導致矛盾，由此間接證明了：唯有了無實體（自性）、一切皆空的般若思想，才是合乎諸法實相的主張。

但是，如前所述，中觀自續派的學者則以為，只用間接的歸謬法，並不能證明「空」的諸法實相；相反地，必須先建立自宗的看法，用直接的論證，才能顯示「空」的道理。

因此，在教義上，月稱與其弟子反對清辯論師的看法，認為一切法無自相，無須另立自說；當然，他們更反對瑜伽行派所主張的阿賴耶識實有。

西元八世紀後，清辨系統下的寂護（Śāntarakṣita，又譯為靜命）、蓮華戒

（Kamalaśīla，或音譯為「迦摩羅什羅」）、師子賢（Haribhadra）等人，以清辨的中觀自續派意旨，更吸收了部派佛教中的經量部及大乘佛教中的唯識派思想，開展出後期的中觀學派；寂護作《中觀莊嚴論》，其弟子蓮華戒作《中觀莊嚴論精釋》、《中觀光明論》，對其學說予以宣揚。由於這一後期的中觀學派有著濃厚的唯識色彩，所以稱為「瑜伽行中觀派」（Yogācāra-Mādhyamika）。

後來，寂護受藏王邀請入藏，將大乘佛教及此派理論傳播到西藏，對藏傳佛教具有深刻的影響。

至於在漢地，般若經和中觀派的作品，早在魏晉南北朝，就由鳩摩羅什等人譯成中文，之後更形成了「三論宗」學派；之前已經論及，在此不予贅述。

貳・重要譯典

屢請什於長安大寺講說新經，續出《小品》、《金剛般若》、《十住》、《法華》、《維摩》……《中》、《百》、《十二門論》，凡三百餘卷。

如前所言，什師所譯之經論，其譯經藝術之高明，讓佛典更能為普及與流行，官宦賢達乃至於庶民走卒，皆能琅琅誦念，從而對中國甚至整個東亞的大乘佛教發展產生了深遠影響。

除了在中國的影響，其所譯經論後來皆相繼傳入朝鮮和日本，不少中國佛教宗派及東亞佛教派別立宗的重要依據，就是他所翻譯的佛教經典。

以下便就鳩摩羅什所譯出之重要且較為知名的經論做一簡扼說明，以讓讀者略曉這些知名經論的精要與相關資料。

法華經

《妙法蓮華經》，簡稱《法華經》，梵文為 Saddharma Pundarika Sūtra。Saddharma 意為「妙法」；Pundarika 意譯為「白蓮花」，即以蓮花（蓮華）為喻，比喻佛法之潔白、清淨、完美；Sūtra 意為「經」。故此經之全名為《妙法蓮華經》。

漢譯《法華經》現存有三種——

西晉．竺法護譯《正法華經》十卷二十七品

後秦．鳩摩羅什譯《妙法蓮華經》七卷二十八品

隋．闍那崛多與達磨笈多譯《添品妙法蓮華經》七卷二十七品

其中，以《正法華》最詳盡，《妙法華》最簡約、流傳亦最廣，一般所誦者即為此本。

本經的註疏眾多，現存主要有：

南朝・宋・竺道生《法華經疏》二卷
南朝・梁・法雲《法華經義記》八卷
隋・智顗《妙法蓮華經玄義》二十卷、《妙法蓮華經文句》二十卷
隋・吉藏《法華玄論》十卷、《義疏》十二卷
唐・窺基《妙法蓮華經玄贊》十卷
唐・湛然《法華玄義釋籤》二十卷、《法華文句記》三十卷
宋・法照《法華三大部讀教記》二十卷
宋・慧洪、張商英《法華經合論》七卷
元・徐行善《法華經科註》八卷
明・一如《法華經科註》七卷
明・傳燈《妙法蓮華經玄義輯略》一卷
明・智旭《法華經綸貫》一卷、《妙法蓮華經台宗會義》十六卷
明・德清《法華經通義》七卷

清．通理《法華經指掌疏》七卷

新羅．元曉（西元六一七至六八六年）《法華宗要》一卷

《法華經》的起源很早，大約產生於西元前一世紀左右；亦有學者從語言學的角度研究，認為它應是產生於西元前二至三世紀。在《大般涅槃》、《優婆塞戒經》等大乘經典中都有提到它的名字，《大智度論》等論典裡也曾引用其文，世親甚至為它撰寫了「優婆提舍」（意為宣說、注釋）；可見，它是問世很早、流傳頗廣的大乘經典。

鳩摩羅什譯本原是七卷二十七品，且其〈普門品〉中無重誦偈，後人將南朝蕭齊的法獻與達摩摩提譯的《妙法蓮華經．提婆達多品第十二》以及北周闍那崛多譯的《普門品偈》收入什譯，構成七卷二十八品。其後又將玄奘譯的《藥王菩薩咒》編入，而成了現行流通本的內容。

至於全經大段分科，自古以來主張不一。隋代智顗作《妙法蓮華經玄義》、《妙法蓮華經文句》，立〈序品〉為序分，定〈方便品〉至〈分別功德品〉前

半為正宗分，以〈分別功德品〉後半至〈普賢勸發品〉為流通分；並判前十四品為釋門，後十四品為本門，後世學人大多依其所說。

《妙法蓮華經》開顯一乘圓教，表清淨了義，究竟圓滿，微妙無上。全文共二十八品，前十四品說一乘之因，後十四品說一乘之果。《法華經》據稱為佛陀晚年所說的教法——宣說《法華經》和《涅槃經》共八年，屬於「開權顯實」的圓融教法，大小無二無別，顯示「眾生皆可成佛」之一乘了義。在天台宗五時教判中，屬於法華、涅槃之最後一時。

在大乘佛教興起的時代，產生了以「聲聞」與「緣覺」為二乘或小乘、以「菩薩」為大乘的說法。《法華經》就是在這種背景下結集的代表作品，提出了「開權顯實」、「會三歸一」的思想，融會三乘為一乘（佛乘）。以「聲聞」、「緣覺」二乘為方便（權）說，「二乘」終究要以成佛為最終目標（如法華七喻「化城喻」所說），開啟了「回小向大」的門徑，這是一種嶄新的學說思想，也是本經的主旨所在，在佛教思想史上佔有至關重要的地位。

自古云：「成佛法華，富貴華嚴，開慧楞嚴」；因此，歷代祖師大都教導信眾必修三大經《法華經》、《華嚴經》、《楞嚴經》。被譽為「東土小釋迦」的智者大師（智顗），便以《法華經》為根本經典，開創了「教觀雙美」的天台宗。

《法華經》提及中諸佛之所以出世的「大事因緣」：

諸佛世尊，唯以一大事因緣故出現於世：欲令眾生開佛知見使得清淨故，出現於世；欲示眾生佛之知見故，出現於世；欲令眾生悟佛知見故，出現於世；欲令眾生入佛知見道故，出現於世。

在此，可以看出《法華經》對於大乘佛法「終極目標」的看法：佛陀指出種種法門只是方便之說，最終目的無非令所有眾生都能離苦得樂，得證佛果。經中多品宣說行菩薩道的重要性，因為那是成佛的因。各大菩薩示現廣度眾生的方便法門：觀世音菩薩的慈悲、普賢菩薩的行願、常不輕菩薩的破除我慢、藥王菩薩的精進、妙音菩薩的方便度眾，都體現了捨己為人的法華精神。

簡言之，《法華經》教導我們：要如常不輕菩薩般，將眾生視為未來佛，便不會生起任何輕慢之心。而且，哪裡有苦難眾生，便必須前去救度；對於饑餓的人們，要去施食；對病苦的大眾，要去施藥和打理；至於，無智愚癡的人和地方，則要去弘法。令眾生皆能離苦得樂，使沉溺在生死苦海的人們脫離苦海，那就是成佛必須實踐的菩薩道。

《法華經》最大的特色便是宣說「唯有一佛乘，方便說有三」；亦即修學佛法實畢竟成佛，但依方便而有次第之分，使修學者能漸漸累積功德，而又不覺得疲憊。雖未成佛，但由於修學福慧，亦能得到法喜，直到得證菩提。《法華經》肯認眾生必定成佛，並鼓勵未證佛道之眾生勤行菩薩道，這便是「經中之王」度生無量的法喜所在。

《法華經．方便品》云：「佛所得法，甚深難解，有所言說，意趣難知。」所以經中用了大量的比喻，來闡明甚深難解的佛法。這些比喻不僅讓《法華經》具有豐富的文學性，亦藉由通俗易懂的故事，說明了開權顯實的思想。以下便簡要說明各品大意——

序品第一

為本經之總序。佛在耆闍崛山說《無量義經》後，入無量義處三昧，天上降下種種妙華，佛的眉間白毫放大光明。

彌勒菩薩因疑提問，文殊師利菩薩作答：過去諸佛宣說《法華經》前，皆現此瑞相；暗示佛說此經之殊勝處有別於他經，以引起與會大眾注意。

方便品第二

此品與壽量品，是《法華經》的兩大中心，為本經正宗分。

佛由三昧起，讚歎諸佛智慧甚深無量、難解難入，佛說諸佛究竟了知諸法實相——「十如是」。為令聲聞、緣覺二乘人斷苦縛、得涅槃，佛以方便力分說三乘之教，今日所說才是佛的真實教法。此「妙難思」之真實教法，卻令五千增上慢者因而退席。

佛乃宣示唯一大事因緣，所謂開、示、悟、入佛之知見；一切眾生皆當作佛，實無三乘。

譬喻品第三（火宅喻）

自此品至第九〈授學無學人記品〉為止的七品，是將〈方便品〉內容進一步以譬喻及因緣加以說明。本品說明，舍利弗最先領解佛意，故被授記為華光如來。

佛為舍利弗受記，並宣說「火宅、四車」譬喻，進一步說明三乘方便、一乘真實的旨意——大宅失火，長者藉由允諾僮僕各種娛樂設施以及羊、鹿、牛車的方法，讓所有的僮僕都逃離出火宅，來到安全所在。諸子逃出之後，長者給予的卻是七寶莊嚴的大白牛車。

長者喻如來，孩子喻苦難眾生，火喻世間之苦，宅喻眾生輪迴的三界；以火宅比喻：三界如火宅，眾生卻貪圖世間虛幻的快樂而不願出離。「羊、鹿、牛三車」則喻出離世間的三乘教，一佛乘則以「大白牛車」喻之。

本品便以有名的「火宅」和「四車」之喻，顯示「於一佛乘，分別說三」及「唯有一乘法，無二亦無三」的深義。

信解品第四（窮子喻）

須菩提、迦旃延、摩訶迦葉、目犍連等聞佛說法，歡喜踴躍，即以「長者窮子喻」體現領會佛意，深信理解——

流落在外的窮子見到生父長者威德莊嚴，心生恐怖，快速離去。長者見到窮子，知道是自己親兒，便派人追趕，欲將窮子追回，但窮子竟恐懼到因而昏厥。長者知窮子之心態，便令人以冷水灑面、令其清醒後，放其外出乞討。然後，長者巧設方便，令人請窮子來家裡工作，由雜務做起，逐漸使其漸悟自己就是長者之子，最終繼承了家業。

此品中的窮子喻二乘之人，長者喻佛陀；佛陀巧設方便，讓窮子從小乘修起，漸入大乘法門，最後將佛子帶入大乘境界。

藥草喻品第五（藥草喻）

佛印可須菩提、迦旃延、摩訶迦葉、目犍連等所說，並說「三草二木」之喻，比喻眾生根機有別，隨其所堪而為說法。

此品將上根、下根菩薩喻為大樹和小樹，將佛的平等智慧譬喻為一味之雨。三千大千世界的大小長短諸種草木，悉受一味之雨而潤澤成長，如同佛以一相一味之法，平等利益一切眾生。

授記品第六

佛為須菩提、迦旃延、摩訶迦葉、目犍連等四大聲聞授記。

化城喻品第七（化城喻）

佛說其本生：往昔為大通智勝如來第十六王子，曾教與會大眾；又宣說「化城喻」——

眾生經過五百由旬的險難之道，路上沒有人煙，非常恐怖。有一個聰明的導師，為了讓大眾能夠順利走過險道，於是對眾人說：「你們不要害怕，更不要後退，前面有座大城，可到裡面休息；如果能夠進入這座城，就能夠安穩快樂。」

這時，眾多疲勞之人，於是便進入化城，而感到自己已得到安穩快樂。導師知道眾人已經得到止息，不會疲倦，就去除化城，對眾生說：「你們現距珍寶處不遠，剛才的化城是我變化而成，只是讓你們暫時歇息一下。」

這段比喻主要針對小乘聖者而說：小乘聖者所證得之涅槃只是有餘涅槃，只是暫時歇息的「化城」；休息後仍須心向大乘，方能證得真實佛法至寶。「化城」乃是佛陀教化之方便，藉此引入佛慧。

五百弟子受記品第八（衣珠或繫珠喻）

富樓那、憍陳如和五百阿羅漢皆得授記，當來必定成佛，並說「繫珠喻」——窮困的愚夫受富有的朋友贈送寶珠，愚夫卻因醉酒不知，仍到處奔波謀生。

愚夫喻聲聞和緣覺，朋友喻如來，愚夫的醉酒好比種種煩惱之困擾。眾生被世間諸多煩惱所困，亟欲解脫；卻不知自身已懷寶珠——佛性本自足，此即一乘佛法。

授學無學人記品第九

阿難、羅睺羅和有學、無學等二千人皆得授記，當來成佛。

法師品第十（鑿井喻）

佛為藥王菩薩說關於聆聞、隨喜、受持、解說《法華》的種種功德，又舉出修行、受持、讀誦、解說、書寫本經的「五種法施」和供養本經的「十種」功德，說謗法者之罪，並說鑿井喻——

有人在高地，為求水而挖地。最初不管怎麼挖怎麼鑿，都只看到乾土；但漸漸地看到溼土，繼續努力終能挖到泥土而得到水。

以此比喻，若能努力穿過小乘的乾土，方等、般若的大乘溼土，必能得到真實一乘的智慧法水。

見寶塔品第十一

多寶佛塔從地湧出，證明釋尊宣說《法華經》之真實不虛，以及《法華經》之諸佛護念。釋迦如來以神力，三變淨土，分身諸佛匯集，開多寶佛塔；多寶如來，分半座與釋尊同座。

提婆達多品第十二

說如來往昔求法，師事阿私仙得聞妙法，又授提婆達多成佛記。文殊入龍宮說《法華經》，八歲龍女聞經即身成佛，證明《法華經》功德廣大。

勸持品第十三

藥王、大樂說等菩薩大眾以及已受記的羅漢眾等發願奉持、廣說《法華》，又為摩訶波闍波提以及耶輸陀羅授記。

藥王、大樂說和兩萬菩薩，各各發願弘揚《法華經》。被授記的五百阿羅漢及學、無學八千人，以及八十萬億那由他無數菩薩，皆誓願弘此經典。

安樂行品第十四（髻珠喻）

文殊請益末世持經方法，佛云應當安住四法，即身（離權勢等十事）、口

（離說輕慢讚毀等語）、意（離嫉諂等過，修養自心）、誓願（發願令人住是法中，修攝自行）四安樂行，並說「輪王髻珠喻」——以轉輪聖王髻中明珠罕見授人，來譬喻佛不輕易講說經中最尊最勝的《法華經》。

經文中的輪王比喻如來，髻喻二乘權教，珠喻一乘實理；珠在髻中，就如實理為權變所隱。這就是說，如來於法華會上開權顯實，授記二乘而得作佛，就像輪王解髻中之珠贈與功臣，以此為喻也。

從地湧出品第十五

六萬恆沙菩薩及其眷屬從地湧出，大眾疑惑，不知此等恆河沙數菩薩為誰之弟子？從何處而來？此為佛開顯「久遠實成」佛果的序曲。

如來壽量品第十六（醫子喻）

佛應彌勒所問，為說久遠劫來早已成佛；又說「佛壽長遠」、「佛身常住」，實際上「常在靈鷲山」、「常住說此法」，為使眾生不起懈怠之念，故示現滅度。在此宣說佛陀「壽命之無量」、「教化之無量」、「慈悲之無量」及「救濟之無量」。佛陀又以「醫子喻」說明佛法之教化方便——

一位良醫，聰明智慧，善於配製藥方，治療眾生之病，他有很多子女。某一次，他因為有事到其他國家，孩子們卻因為不慎飲用了父親配製的毒藥而中毒。醫生回來後，便按照藥方，以好醫藥讓孩子服用。

中毒不深、沒有喪失心智的孩子，馬上就服藥，病也很快痊癒；但那些因毒氣攻心、心智悶絕的孩子們，說什麼也不肯服藥。父親便用「假死」之計，讓那些不肯服藥的孩子受悶閉的心慢慢覺醒，趕緊去服用父親留下來的藥，病也因此漸漸好起來。這時，良醫才歡喜返家與孩子們相聚。

此喻便是以良醫之「假死」比喻佛陀之示現寂滅，藉以讓眾生警惕，修習佛道。

分別功德品第十七

說當時與會大眾聞法受益，後世受持、讀誦、書寫、講說此經，亦皆獲諸功德。

隨喜功德品第十八

佛為彌勒菩薩宣說隨喜聽受《法華經》的種種功德。

法師功德品第十九

佛為常精進菩薩宣說關於受持、讀、誦、解說、書寫等五種法師功德。

常不輕菩薩品第二十

宣說常不輕菩薩敬重「皆當成佛」之諸眾生，並以隨喜行得清淨六根，更廣說《法華經》，以顯示讚歎本經之功德。

如來神力品第二十一

佛出廣長舌相，放毛孔光，以此神力，為囑付滅後傳揚此經，簡要地宣說此經功德；此經所在之處就是道場，諸佛在此處成道、轉法輪，並在此處涅槃。

囑累品第二十二

佛以右手摩大眾頂，囑咐受持和廣宣此經。

藥王菩薩本事品第二十三

佛因宿王華菩薩請問而宣說：藥王菩薩往昔曾是一切眾生喜見菩薩，因聞法歡喜而燃身、燃臂供養日月淨明德佛；並說受持《法華經》以及〈藥王菩薩本事品〉的功德。

妙音菩薩品第二十四

佛為華德菩薩說關於妙音菩薩過去供養雲雷音王佛的因果，和處處現身說此經典的往昔因緣。

觀世音菩薩普門品第二十五

無盡意菩薩請問觀世音菩薩的神通因緣，佛為說觀世音菩薩的十四種無畏（眾生所遇十四種災難，菩薩施予無畏）、三十三種應化身等種種功德。此品奠定了其後中國觀音信仰的基礎，而有「家家觀音，戶戶彌陀」的俗諺流傳民間。

陀羅尼品第二十六

藥王、勇施等菩薩及天神等各各說咒擁護受持、講說《法華經》者。

妙莊嚴王本事品第二十七

佛陀述說藥王、藥上二菩薩的往昔事跡，他們為淨藏、淨眼二王子時，勸父母皈依其師雲雷音王佛，使他們聽講《法華經》的大善因緣，以顯示遇佛、聽《法華經》之難得。

普賢菩薩勸發品第二十八

佛為普賢菩薩說佛滅度後得《法華經》的四個方法——為諸佛護念、殖眾德本、入正定聚、發救一切眾生之心，普賢並發願護持受《法華經》者。

在佛教經典中，受持讀誦、書寫之盛，成無超越此經者。如唐代道宣律師所言：「自漢至唐六百餘載，總歷群籍四千餘軸，受持盛者，無出此經。」究其原因，應如明代蕅益大師所云，其雖多比喻，實乃佛境界與教法的充分展現：「此一部經乃如來究竟極談，具明施設一代時教所以然之線索，如家業之有總帳簿，如天子之有九鼎也。」

金剛經

《金剛經》，梵文為 Vajracchedika-prajñāpāramitā-sūtra。傳入中國後，最早由後秦．鳩摩羅什於弘始四年（西元四〇二年）譯出，之後相繼出現五種譯本：

後秦．鳩摩羅什譯《金剛般若波羅蜜經》一卷

北魏．菩提流支譯《金剛般若波羅蜜經》一卷

南朝．陳．真諦譯《金剛般若波羅蜜經》一卷

隋．達摩笈多譯《金剛能斷般若波羅蜜經》一卷

唐．玄奘譯《能斷金剛般若波羅蜜多經》（即《大般若經》第九會）一卷

唐．義淨譯《佛說能斷金剛般若波羅蜜多經》一卷

依印順法師所說，只有鳩摩羅什所譯為中觀家（般若系）的誦本，此後的五譯是同一唯識系的誦本，比如菩提流支、達摩笈多等，都是依無著、世親的釋本譯出。除漢譯外，還有藏文、滿文譯本等。

鳩摩羅什所譯《金剛般若波羅蜜經》字數為五千一百餘字，為最流行的版本，梁朝昭明太子將其分成三十二分；玄奘譯本為《能斷金剛般若波羅蜜經》，共八千二百餘字，乃是鳩摩羅什譯本的重要對照本，其他譯本則流傳不廣。

《金剛經》梵文本在中國、日本、巴基斯坦、中亞等地都有發現，中國的吐魯番等地並有和闐、粟特等文字的譯本出土。除日文外，此經傳入西方後曾被譯成德文、英文、法文等多種文字。

本經釋論甚多。在印度，除彌勒所造八十偈釋本之外，漢譯本尚有無著《金剛般若論》二卷，世親《金剛般若波羅蜜經論》三卷，功德施《金剛般若波羅蜜經破取著不壞假名論》二卷；師子月、月官等亦撰有論釋，但無漢譯本。

至於漢傳佛教的注釋，從東晉、隋唐直至清末民初，各家撰述頗豐。主要有：

後秦・僧肇《金剛經注》一卷
隋・吉藏《金剛經義疏》四卷（或作六卷）
隋・智顗《金剛經疏》一卷
唐・慧淨《金剛經注疏》三卷
唐・智儼《金剛經略疏》二卷
唐・窺基《金剛經贊述》二卷
唐・惠能《金剛經解義》二卷、《金剛經口訣》一卷
唐・宗密《金剛經疏論纂要》二卷
宋・子璿《金剛經同刊定記》四卷
清・徐槐廷《金剛經解義》二卷
近人丁福保《金剛經箋注》

對於「金剛般若」一詞，有兩種解說：鳩摩羅什以金剛喻「般若」，以其

能破壞一切戲論妄執而不為所壞；玄奘則以金剛喻「煩惱」，般若則是連如金剛石般堅硬的煩惱亦能斬斷，故譯為「能斷金剛般若」。

印順法師認為，以「金剛」的兩個比喻來看，二者都說得通；但他認為，以金剛喻般若才是正確的。他根據印度唯識家無著的解釋說明，無著乃是以金剛喻智體和實相，並沒有比喻煩惱的意思，至少這並非梵本原意。

綜而言之，不論依何種解釋，都是在形容般若之無堅不摧、可斷絕一切妄想戲論。

由於此經宣說一切法無我之理，篇幅適中，不過於龐大，也不失於簡略，故歷來弘傳甚盛，為六祖惠能以後的禪宗所重。惠能因聽聞《金剛經》而開悟，在其弟子整理的《六祖壇經》中，亦處處閃耀著《金剛經》思想的光輝。

本經卷末四句偈文：「一切有為法，如夢幻泡影，如露亦如電，應作如是觀。」又稱為「六如偈」，被視為本經之精髓；意謂世界上一切事物都是空幻不實，吾人對此應無所執著，應「遠離一切諸相」而「無所住」。此偈可說是鳩摩羅什優雅精鍊語言的極致結晶，明朝大才子唐寅對此亦甚為歎服，晚年自號「六如居士」便取之於此。

就風格來看，《金剛經》乃是一部頗為獨特的般若經。本經說「無相」而不說「空」，保持了原始般若的古風。在所有的般若經中，幾乎都會用到「空」字，因為這是一個相當重要的概念；但是，《金剛經》全文卻一個「空」字也無。這應該是有意為之，或許是為了引導某些不喜「空」之概念的聽法者；也或許避免某些聽法者執著於空，才因此刻意不使用「空」字。而其展現般若的言說，乃是以「實無有法」、「如來說X，即非X，是名X」，由此導出「凡所有相，皆是虛妄」、「不取於相」之觀照與實修法門。

例如，對於任何事物都是「緣起無自性」——沒有恆常不變的自性、諸法皆當體即空、於法實無所得的概念，經中的表述方式為：

> 無有定法，名阿耨多羅三藐三菩提。
>
> 實無有法，如來得阿耨三藐三菩提。

亦無有定法，如來可說。

實無有法，名為菩薩。

滅度一切眾生已，而無有一眾生實滅度者。

如果覺得有實法可得、實有眾生可度，則阿羅漢便不成其為阿羅漢，如來亦然：

若阿羅漢作是念，我得阿羅漢道，即著我人眾生壽者。

若有眾生如來度者，如來則有我人眾生壽者。

因一切事物或現象都是「緣聚則生、緣散則滅」，無一實在永存的性質，吾人在以眼、耳、鼻、舌、身等感官接觸到這些事物及現象時所產生的「相」——色、聲、香、味、觸等，亦是非永恆常存的。本經對諸相之流轉變化、短暫不真的表述為：

如來說一切諸相，即是非相。

我相即是非相，人相眾生相壽者相，即是非相。

凡所有相，皆是虛妄。

若以色見我，以音聲求我，是人行邪道，不能見如來。

一切有為法，如夢幻泡影，如露亦如電，應作如是觀。

簡單地說，修行者應對於世間諸相無所執著，不住、不取於相：

離一切諸相，則名諸佛。

菩薩應如是布施，不住於相。

不取於相，如如不動。

然而，雖然「於法實無所得」、「凡所有相皆是虛妄」，但「因緣和合」、了無自性的事物仍會有其作用，並非沒有，我們仍可以為它們定立「假名」，來指稱其當下的存在及作用；既然只是「假名」——並非真實，表示其名稱只是指稱某些現象的「暫時」存在與作用。經中的表述為：

所言一切法者，即非一切法，是故名一切法。

忍辱波羅蜜，如來說非忍辱波羅蜜，是名忍辱波羅蜜。

佛說般若波羅蜜，即非般若波羅蜜，是名般若波羅蜜。

如來說諸心，皆為非心，是名為心。

眾生者，如來說非眾生，是名眾生。

世尊說我見、人見、眾生見、壽者見，即非我見、人見、眾生見、壽者見，是名我見、人見、眾生見、壽者見。

如果認為「緣起無自性」便是什麼都沒有，那便落入了「斷見」；如果認為包括六度波羅蜜在內的諸法有其不變的自性，則落入了「常見」。之所以建立假名，則指出了其會產生的作用，不斷亦不常。

因為世間諸法雖無不變的自性、但仍有其作用功能，吾人仍可以行六度波羅蜜、八正道等；然而，是一種無執、無住的態度，念念皆不沾滯，也就是此心「無所住」，不住於任何現象，其表述為：

諸菩薩摩訶薩，應如是生清淨心，不應住色生心，不應住聲香味觸法生心，應無所住而生其心。

菩薩於法，應無所住行於布施，所謂不住色布施，不住聲香味觸法布施。

過去心不可得，現在心不可得，未來心不可得。

值得注意的是，於六度中，本經特別強調布施波羅蜜及忍辱波羅蜜；而「布施」與「忍辱」二者，都是須直面世間眾生的。「布施」講求「三輪體空」：施者；布施者、所施物皆空，也就是本經強調的「菩薩應如是布施，不住於相」、「菩薩於法，應無所住行於布施，所謂不住色布施，不住聲香味觸法布施」。

至於「忍辱」，佛陀在本經則以忍辱仙人為例，說明忍辱須「無我相，無人相，無眾生相，無壽者相」、「忍辱波羅蜜，如來說非忍辱波羅蜜，是名忍辱波羅蜜」，如此方能忍人所不能忍、行人所不能行，這才是真正大乘的「忍辱波羅蜜」。

由以上說明可知，《金剛經》所教授修行者的，正是以「無我」、「無所住」的精神濟度眾生。

維摩詰所說經

《維摩詰所說經》，梵文為 Vimalakīrti-Nirdeśa-Sūtra，簡稱《維摩經》，亦名《不可思議解脫經》。維摩詰是梵語 Vimalakirti 之音譯，又譯為維摩羅詰、毗摩羅詰，略稱維摩。「維摩（羅）」意即「淨名」、「無垢」，「詰」即為「稱」，意思是以潔淨、沒有染汙而著稱的人。故《維摩詰經》又名《淨名經》或《說無垢稱經》（玄奘）。有三種譯本，分別為：

三國．吳．支謙譯《佛說維摩詰經》三卷

後秦．鳩摩羅什譯《維摩詰所說經》三卷

唐．玄奘譯《說無垢稱經》六卷

三種版本中，只有什譯將維摩詰做為本經的說法者，支謙和玄奘還是將佛陀視為本經的宣說者。

本經的註解歷代繁多，依年代舉其大者如下：

後秦．僧肇《注維摩經》又名《維摩詰所說經註》十卷
隋．慧遠《維摩（經）義記》八卷
隋．吉藏《淨名玄論》八卷、《維摩經略疏》六卷
隋．智顗《維摩經玄疏》六卷、《維摩經文疏》二十八卷、《維摩經三觀玄義》一卷（分上下）
唐．湛然《維摩經略疏》十卷、《維摩經疏記》二十八卷
唐．窺基《說無垢稱經疏》又名《說無垢稱經贊》六卷
宋．智圓《維摩經略疏垂裕記》十卷
明．傳燈《維摩（詰所說）無我疏》十二卷
明．通潤《維摩詰所說經直疏》三卷
清．太虛大師《維摩詰經別記》、《維摩經意大綱》、《維摩詰所說不可思議解說經釋會紀聞》
民國．李翊灼輯《維摩詰不思議經集注》

日本．聖德太子（西元五七二至六二一年），《維摩經義疏》三卷

在中國甘肅省的敦煌石窟中，有許多維摩詰的變經圖畫；以前在吐蕃統治敦煌時期，僧人也以演繹的方式來吸引觀眾，可說是佛法世俗與大眾化的鼻祖。

本經是少數在法會時不使用、而以佛教文學的樣貌流傳於世的佛教經典，胡適稱其為「最美的佛典文學」。

據《維摩詰經》所言，維摩詰是古印度毗舍離地方的一位大乘佛教居士，家財萬貫、奴婢成群。然而，依佛陀所言，維摩詰早已成佛，號金粟如來，倒駕慈航以教化眾生。維摩詰才智超群，善論佛法，深得佛陀稱許，也是「詩佛」王維（字摩詰）心中的居士典範。

本經通過他與文殊師利菩薩等人共論佛法，闡揚大乘般若性空的思想，批判包括佛陀座下弟子以及部分大乘菩薩所行和悟境的片面性，從某方面可說是「彈偏斥小」、「歎大褒圓」，以彰顯佛法的「第一義諦」。

《維摩詰所說經》認為「菩薩行於非道，是為通達佛道」，雖「示有資生，而恆觀無常，實無所貪；示有妻妾采女，而常遠離五欲汙泥」，此即通達佛道的真正「菩薩行」。又把「無言無說」、「無有文字語言」作為「不二法門」的極致。僧肇在〈維摩詰所說經注序〉中稱：「此經所明，統萬行則以權智為主，樹德本則以六度為根，濟蒙惑則以慈悲為首，語宗極則以不二為門。」認為此即「不思議之本」。

《維摩詰經》對整個佛教、佛法、以及中華文化的影響相當深遠；如果將《維摩詰經》只視為是佛陀藉由在家居士所宣說的一部經，則可能錯失此經之高明精微。《維摩詰經》所代表的精神，是佛法在世間、不離世間本位而解脫成佛的法門；同時也指出了十方三世諸佛如何證道、如何得到解脫、如何證得菩提的諸般法門。

《維摩詰經》中的故事性很強，例如天女散花、香積飯等等，故事人物鮮活，想像奇迴，富於文學趣味。用淺近的方法引生大眾的信仰，是大乘經典的一大特色。胡適說是「半小說、半戲劇的作品」。南北朝時期的文人學士最愛清談與《維摩經》，六朝志怪作品深受《維摩詰經》中佛教教義、文學手法之影響，大量反映惡報、地獄等場面。僧肇在讀《道德經》有「美則美矣，然期神冥累之方，猶未盡善也」之感嘆，後來讀到《維摩詰經》，便決定出家。由此可見《維摩詰經》義理之深刻。

一般人都以為中國的禪宗是達摩來到中土之後才傳開的；殊不知，在達摩以前，由鳩摩羅什所翻譯的《維摩詰經》和《法華經》的思想影響甚大，亦成為中國禪宗的精神所在。《維摩詰經》的「不二法門」思想，深深影響了禪宗的「不二」思想——或者說，禪宗的教法原本就是在於開顯《維摩詰經》所宣說的「第一義諦」；《維摩詰經》中的許多典故，也轉變成禪宗公案。

因本經的敘事有如一部高潮迭起的小說，以下便就各品大意予以簡介——

以釋迦牟尼佛說法作為開場白。佛陀在毗耶離城外庵羅樹園與眾集會，寶積長者子說偈贊佛，佛陀為說直心、深心、菩提心、六度、四無量心、四攝法、三十七道品等是菩薩淨土，並藉此宣說：「若菩薩欲得淨土，當淨其心；隨其心淨，則佛土淨」的道理。

舍利弗聞佛陀言「隨其心淨，則佛土淨」，卻見此娑婆世界為五濁惡世不淨之相，於是生起「佛陀因地修行時，心豈有不淨」的疑惑。佛陀為釋其疑，以「盲者不見日月」為喻說明，看不見佛陀成就的莊嚴淨土，是眾生罪障所蔽，非如來過咎。並以足趾按地，示現國土清淨，使在會大眾共見共聞而發無上菩提之心，得法眼淨，乃至漏盡意解。

此處非意指「淨土唯心」，而是指出「自心」乃是淨土的根本所在。

方便品第二

維摩詰登場！住在毗耶離城的維摩詰長者，曾於過去劫中承事供養無量諸佛，深聞法要，契入不二；為了方便攝化眾生，他上自政治、下至酒肆，廣泛地參與社會諸般活動。本經便是以他示現病身為機緣而展開。他在本品中對問疾者說法，指點眾人識身虛幻、危脆、垢穢，為苦為惱，眾病所集，不應心為形役，應常樂佛身。並說明佛身是從無量智慧功德生的，從四無量心所生，從四攝六度所生；應以速朽之身，勤修如是勝行，饒益眾生，獲成佛的清淨莊嚴法身。

弟子品第三

佛陀欲派遣聲聞乘中的大弟子舍利弗、大迦葉等人前往維摩處探病，舍利弗等人皆辭以不能勝任。因為，他們修行及說法時——如宴坐習禪、持缽乞食、解說戒律、或為人說法時，維摩詰皆曾向他們提出問難，相互辯析，而被維摩詰所挫敗。因此，五百聲聞眾中，沒有一個人敢去的。

菩薩品第四

佛又於菩薩乘弟子中，欲派遣彌勒、光嚴、持世、善德等菩薩前往探訪，他們都有舍利弗等聲聞弟子的類似遭遇，所以也因難以勝任而推辭。

文殊師利問疾品第五

於是，佛遣文殊師利（Mañjuśrī）菩薩前往問疾。文殊菩薩乃是佛教甚深智慧之象徵；有了「諸佛之師」的文殊菩薩當代表，在場的八千菩薩、五百聲聞、百千人天便跟著一起去探病。

知道諸佛弟子將前來，維摩詰空其室內一切所有，唯置一床，以疾而臥。文殊慰問長者，並詢問其生病之因；維摩詰告訴他：

從癡有愛，則我病生；以一切眾生病，是故我病；若一切眾生病滅，則我病滅。

此則顯示大乘菩薩的悲心：眾生病，故菩薩病。

不思議品第六

久站的舍利弗想要坐下來，室內卻沒有坐位；維摩詰藉機點撥：「舍利弗，若求法者，於一切法應無所求。」隻字片語，便讓五百天子證得了法眼淨。既然需要坐位，維摩詰又藉此機緣展現不可思議的神通力，從東方距此三十六恆河沙世界的須彌相世界須彌燈王佛那裡，借來了三萬二千個高達八萬四千由旬（一由旬約為六十里）嚴飾第一的師子寶座；不過，要能夠自在變化身形的菩薩才能就座，以展現小大相容、久暫互攝等諸佛菩薩不可思議解脫的神通力。

維摩詰在此介紹了「納須彌於芥子」之「不思議解脫法門」：

若菩薩住此解脫者，以須彌之高廣內（納）芥子中，無所增減，須彌山本相如故，而四天王忉利諸天不覺不知己之所入，唯應度者乃見須彌入芥子中，是名不可思議解脫法門。

據說，維摩詰居室面積的寬度，僅有一平方丈，卻能容納如此多的巨大寶座，此即不可思議解脫力。我國佛教寺院住持所住的房舍，稱「方丈」或「丈室」，典故就是出於此處。

觀眾生品第七

維摩詰與文殊論辯「云何觀於眾生」的問題，得到「從無住本，立一切法」的結論。

此時，室內出現了「天女散花」。花散到諸大菩薩身上，隨即落下；散到舍利弗等聲聞身上，即使運用神力，也扯不下來。

一位自稱「止此室聽聞菩薩大慈大悲不可思議諸佛之法已十有二年」的天女，在與舍利弗論法的過程中，將舍利弗變成了天女，將自己變成了舍利弗，借此展示眾生如幻、男女實無定相，破除聲聞人對「法」的執著，開顯諸佛菩薩所證得的智慧功德，「實無所得」、「但以世俗文字，假名得耳」的甚深義理。

佛道品第八

本品說明菩薩契入不二妙理為攝化眾生所起的妙行。如文殊問維摩詰「菩薩云何通達佛道」，答以「若菩薩行於非道，是為通達佛道」。所謂的非道，就是指下三道：地獄道、餓鬼道、畜生道，或者是貪欲、瞋恚、愚癡等三毒；菩薩能夠示現非道，方能攝化下三道或貪瞋癡等眾生，使之轉入佛道，如此方是「通達佛道」。如經所云：

若菩薩行五無間而無惱恚，至於地獄無諸罪垢，至於畜生無有無明憍慢等過，至於餓鬼而具足功德，行色、無色界道不以為勝。示行貪欲，離諸染著；示行瞋恚，於諸眾生無有恚閡；示行愚癡，而以智慧調伏其心；示行慳貪，而捨內外所有不惜身命。

維摩詰問文殊「何等為如來種」，答以「有身為種」、「六十二見及一切煩惱皆是佛種」。當下所有的煩惱身，無實自性；如方便攝化，即可轉煩惱成菩提，轉色身為解脫身，此即空有不二的菩薩行。

入不二法門品第九

維摩詰向文殊等八千菩薩提問：「云何菩薩入不二法門？」觀自在等三十位菩薩用「言說」表述，皆超越的諸般事相之對立。

然而，維摩詰對這些菩薩的回答皆不置可否。於是，諸菩薩便請文殊表示看法。文殊說：

如我意者，於一切法，無言無說，無示無識，離諸問答，是為入不二法門。

文殊說完，反過來問維摩詰：「何等是菩薩入不二法門？」只見維摩詰默然無言。文殊卻讚歎：「善哉！善哉！乃至無有文字語言，是真入不二法門。」充分展現何謂「言語道斷」之深義。

香積佛品第十

維摩詰以其不可思議解脫的神通力，將遠離此世間四十二恆河沙世界的眾香國景象呈現在大眾眼前；隨即又化身出一菩薩，使往上方眾香國乞取香飯。

化身菩薩取回香飯時，眾香國隨來者有九百萬菩薩，述說其國以「眾香」為佛事——教化眾生的種種妙用。

維摩詰則告以，此娑婆世界之佛陀以「剛強之語」教化眾生，說明因果有報，以及菩薩須以十事善法、四攝、八種無瘡疣法攝化眾生。由此可見佛法觀機逗教之方便無礙。

菩薩行品第十一

維摩詰以神通力，將容於斗室的所有人，包括師子座，置諸右掌，來到佛陀面前。

因阿難提問，佛陀為其廣說香飯功德，乃至諸佛國土，有以光明相好、園林臺觀、臥具衣服等種種施為，皆無非是攝化眾生的佛事，並指出：

四魔八萬四千諸煩惱門，而諸眾生為之疲勞，諸佛即以此法而作佛事，是名入一切諸佛法門。

後以眾香國諸菩薩問法，佛為說「盡、無盡解脫法門」：盡，即有為法；無盡，即無為法。菩薩所行，必須「不盡有為，不住無為」：「入生死而無所畏，於諸榮辱心無憂喜」等，是「不盡有為」；「觀世間苦而不惡生死，觀於無我而誨人不倦」等，則是「不住無為」。

阿閦佛品第十二

阿閦（梵語 Akshobhya），意為「無動」。因舍利弗問維摩詰「汝於何沒而來生此？」維摩詰就「沒」和「生」說明「一切法如幻相」、「菩薩雖沒不盡善本，雖生不長諸惡」。

佛向舍利弗介紹維摩詰，原是阿閦佛的妙喜世界中人。維摩詰說明，自己從清淨的妙喜世界來生此「不淨的娑婆國土」，「為化眾生故，不與愚闇而共合也，但滅眾生煩惱耳。」

會眾欲見無動如來，維摩詰並未從座位起身，便以其右手斷取妙喜世界

（國土並無縮小），把無動佛及其國土中的菩薩、聲聞眾等，都接到庵羅樹園內來，讓現場大眾都看到了妙喜世界之莊嚴。釋迦佛勉諸大眾：「若菩薩欲得如是清淨佛土，當學無動如來所行。」

法供養品第十三

釋迦佛為天帝（釋提桓因）等稱說此經功德，指出「諸佛菩提皆從是生」；若信解受持此不可思議解脫法門及依之而行的，即是以法供養如來。佛又自述，因地為月蓋王子時，從藥王如來秉受「法供養」之教法，所謂「依於義不依語，依於智不依識，依了義經不依不了義經，依於法不依人」等，「是名最上法之供養」。

囑累品第十四

佛以是法咐囑彌勒，令其流通。四天王表示擁護持經者。末後，佛告訴阿難，此經題名為「維摩詰所說」，亦名「不可思議解脫法門」。

印順法師於研究初期大乘佛教發展的專著中，將《維摩詰經》歸於著重開顯無差別、不退轉之第一義諦的「文殊師利法門」；推崇《法華》的天台宗智者大師，更親自為《維摩詰經》注疏；可見《維摩詰經》之重要性。

佛說阿彌陀經

《佛說阿彌陀經》，梵文為 Sukhāvatī-vyūha sūtra。sukhāvatī 意為「具有快樂者、具有快樂的地方」；vyūha 則有「安排、布置」等的意思，漢譯為「莊嚴」，此處作為形容詞，修飾 sukhāvatī。

其又被稱為《小無量壽經》、《稱讚淨土佛攝受經》，大乘佛教經典之一，為淨土宗所尊崇，被列為「淨土三經」之一（另兩部為《觀無量壽佛經》，亦稱《觀阿彌陀經》，簡稱《觀經》；以及《無量壽經》，亦稱《大阿彌陀經》。

此經為佛經中極少數非由佛弟子提問，而由佛陀不問自說的經典。現存的版本包括：

後秦．鳩摩羅什譯《佛說阿彌陀經》一卷

劉宋．求那跋陀羅譯《小無量壽經》一卷（已佚，今僅存「拔一切業障根本得生淨土陀羅尼往生咒」咒文及利益文）

唐．玄奘譯《稱讚淨土佛攝受經》一卷

「阿彌陀」，梵文為 amita，是「無量壽」、「無量光」的意思。如經云：「彼佛光明無量，照十方國，無所障礙，是故號為阿彌陀」「彼佛壽命及其人民無量無邊阿僧祇劫，故名阿彌陀。」

「阿彌陀佛」往往被簡稱為「彌陀」、然而，簡稱「阿彌」其實較「彌陀」為佳，印光大師便不贊同「彌陀」之簡稱。因為，彌陀對應 mita，乃是測量的意思；若稱彌陀，無量佛就成了有量佛，與佛號原意正好相反。

至於本經主要的注疏，則為下列數部：

隋・智顗《阿彌陀經義記》一卷

唐・慈恩窺基《阿彌陀經疏》一卷、《阿彌陀經通贊疏》三卷

宋・智圓《佛說阿彌陀經疏》一卷

明・蓮池袾宏《佛說阿彌陀經疏鈔》四卷、《阿彌陀經疏鈔事義》一卷、《阿彌陀經疏鈔問辯》一卷

明・蕅益智旭《佛說阿彌陀經要解》一卷

阿彌陀佛為西方極樂世界的教主，能接引念佛者往生「西方淨土」，故又稱「接引佛」。他原為國王，後捐棄王位，發心出家，名法藏比丘，發四十八願；行果圓滿，隨願所成，光明壽命，悉皆無量。

本經敘述，佛在祇樹給孤獨園對舍利弗等宣說西方極樂世界的莊嚴：有七寶嚴飾的樹林、樓閣，有八功德水池、諸色微妙的蓮花、妙聲自然的眾鳥；眾生但受諸樂、無有眾苦；只要一心稱念阿彌陀佛名號，死後即可往生該處。

《佛說阿彌陀經》的內容，可以說是《佛說無量壽佛經》的精要版。古德稱《阿彌陀經》是「諸佛共讚，萬經指歸」的經典；佛陀在此經中更言，上下四方諸佛皆宣說阿彌陀佛之不可思議功德，所以其又別名《稱讚不可思議功德一切諸佛所護念經》。

由於此經漢譯約僅兩千字，容易背誦，加上修行方法簡便，故在中國流傳甚廣，影響頗大，成為淨土宗信眾每天必誦的功課。宋明以後，成了寺院中每天必念的日課，淨土宗也隨此經的流傳而影響日深，之後與禪宗並列為中國佛教主要的兩大宗派。

在日本，法然創立了日本的淨土宗；之後更有法然的弟子親鸞開創的淨土真宗（別名「一向宗」）、一遍開創的時宗、以及良忍開創的融通念佛宗等。

為何此經影響如此之大？因為，在這一卷經文裡，除了介紹極樂世界的安樂莊嚴外，更重要的是「念佛法門」的穩當殊勝。

修持佛法的最高目的，是在於「返妄歸真，了生脫死」。可是修持的方法，卻有所謂的「八萬四千法門」之多。這「八萬四千法門」，博大精深，千頭萬緒，實在不是一般的人們，都能夠理解、都能夠運用的。因此，古德先賢在其皓首窮經、博通「三藏」之後，就特別的指出了「念佛法門」的簡便、容易、通俗、可靠。

「念佛法門」有「持名念佛、觀像念佛、觀想念佛、實相念佛」等四種修法，《佛說阿彌陀經》則是專門倡導「執持彌陀聖號，求生極樂世界」的經典。「念佛法門」是修持佛法的「捷徑」；而「持名念佛」，又是「念佛法門」中的「捷徑」。因此，佛教古德稱讚「持名念佛」是「方便中之方便，捷徑中之捷徑」。

「持名念佛」法門，三根普被，利鈍全收；不論是「聖、凡、善、惡、賢、愚、優、劣」，人人都可以修持。而且，這一法門「下手易而成功高」；只要具備「信、願、行」三資糧，人人都可能「帶業往生」，證得「三不退」（位不退、行不退、念不退）的果德。此乃是「自他二力，橫超三界」的法門。

然而，除了念佛須一心不亂之外，吾人需要謹記的是，到了西方淨土仍須繼續修行，方能成佛；其根本精神，仍是救度眾生的大悲心！

中論

《中論》，梵文為Mūlamadhyamakakārikā，又稱《中觀論》或《正觀論》，龍樹著，青目注釋，鳩摩羅什譯，共四卷，為印度中觀派對部派小乘佛教及其他學派進行破斥而顯示自宗的著作。

此論在中國影響很大。先是鳩摩羅什弟子僧肇弘傳此論，據此論義撰寫了《不真空論》等多篇論文。後有吉藏撰《中觀論疏》，進一步發揮此論的思想，並以此論和《百論》、《十二門論》作為依據，創立了三論宗。

此論在中國西藏地區也很流行；佛護著《根本中論注》有藏譯本，宗喀巴曾撰《中論廣釋》，系統地闡述對中觀論思想的根本見解。

相傳在鳩摩羅什譯此論時，印度即有七十多家注。除青目外，尚有清辨著、唐波羅頗蜜多羅譯《般若燈論釋》十五卷，安慧著、宋惟淨與法護譯《大乘中觀釋論》十八卷，無著著、般若流支譯《順中論義入大般若波羅蜜經初品法門》等。

中國注疏則以吉藏著《中論疏》十卷最著名；他還著有《中論遊意》一卷、《中論略疏》一卷。此外，道融、曇影、法朗、琳法師、碩法師等也都作過注疏。日本有安澄著《中觀論疏記》二十卷等。梵本有月稱著的《明句論》，西藏譯本有無畏、德慧、提婆設摩等八家注釋。

龍樹的思想便主要體現於代表作《中論》裡，主要內容是闡發「八不緣起」和「實相涅槃」，以及諸法皆空義理的大乘中觀學說。卷首的「八不偈」：「不生亦不滅，不常亦不斷，不一亦不異，不來亦不出」；〈觀四諦品〉的「三是偈」：「眾因緣生法，我說即是空；亦為是假名，亦是中道義。」是本論中心思想的概括。

「八不偈」指出了緣起法上的種種「謬論」——單純執著生滅、常斷、一異、來出等，是不正確的「戲論」；應該超出戲論、消滅戲論，方能得到對真實現象的認識，即諸法實相。「三是偈」便是對「中觀」所下的定義：認為真正的緣起法，是既要看到無自性（空），又要看到假名（有）；了知假名有與自性空彼此相即，亦即所謂「中觀」。

此外，《中論》闡述的主要觀念尚有「無自性」、「中道」、「二諦」等思想，簡要說明如下——

一切法空、無自性

如〈觀四諦品〉所云：「未曾有一法，不從因緣生；是故一切法，無不是空者。」也就是說，萬法都是因緣而起的，一切法都是由於種種的條件和合而成；既然是和合而成的，事物便有賴於諸多因素方能形成：「若法因待成，是法還成待」。換句話說，世間事物永遠是在無盡的因緣鎖鏈下而存在，究其根本，並沒有獨立不變的「自性」，只是虛假的名相概念而已。

從緣起理論出發，龍樹認為一切事物沒有自性，故稱其為「空」。他說：「因緣中有性，是事則不然。」因為事物如果有決定的自性，則一切生滅現象都無法存在，世界則會僵化、固定、靜止不變。如〈觀四諦品〉所云：「若有決定性，世之種種相，則不生不滅，常住而不壞。」又說：「若一切法不空，則無有生滅；如是則無有，四聖諦之法。」並且還說，如果一切法不是空的，那麼涅槃也沒有，〈觀涅槃品〉中說：「若諸法不空，則無生無滅；何斷何所滅？而稱為涅槃。」

與一般的觀念相反，佛教並不認為一切法自性空是消極的，而認為它是世間萬法生成的基礎，有著積極的意義和價值。如〈觀四諦品〉云：「以有空義故，一切法得成；若無空義者，一切則不成。」

佛教以緣起理論起點，推出萬物都是空無自性的，又從反面說如果諸法不空，則有種種過咎，這樣也就進一步說明緣起理論的正確性。因而，龍樹在《中論》中極為強調緣起理論，如〈觀四諦品〉所云：「是故經中說，若見因緣法，則為能見佛，見苦集滅道。」

二諦

龍樹在闡述他的中道思想時，認為要同時看到真空和假有，即不能偏於空、有任一方，這也就是真空與俗有不二，亦即佛教的二諦說。

龍樹對二諦思想很重視，並強調若不知世俗諦，便不能了知第一義諦，也因而不能證得真實涅槃。如《中論．觀四諦品》云：

諸佛依二諦，為眾生說法，一以世俗諦，二第一義諦。

若人不能知，分別於二諦，則於深佛法，不知真實義。

若不依俗諦，不得第一義；不得第一義，則不得涅槃。

同樣為龍樹所著的《迴諍論．釋上分第四》將二諦稱為「世諦」與「真諦」，其中亦云：

又我所說，不違世諦，不捨世諦。依世諦，故能說一切諸法體空；若離世諦，法不可說。佛說偈言：「若不依世諦，不得證真諦；若不證真諦，不得涅槃證。」

「俗諦」是說，因緣生法是有——有其在世間之作用，不是完全不存在，只是並非永恆不變。然而，由於眾生對於因緣生法的執著，諸佛便即因緣生法而開方便門，認為諸法是假有，只是眾生妄自分別的幻想，但其於世間的作用是不相錯亂的。

「第一義諦」是指，因緣所生法沒有自性、當體即空，這就是諸法實相，它是離言說議論、是不可言說的。如〈觀法品〉云：「諸法實相者，心行言語斷；無生亦無滅，寂滅如涅槃。」

「第一義諦——真諦」與「俗諦——世諦」的區分，只是佛陀引導眾生的方便；事實上，「諸法實相」只有一個，這就是所謂「不二法門」。第一義諦與俗諦在本質上就是相即的，乃是某種「體、用」的關係。世間萬物當下就是自性空——當體即空，此即實相，並不是在世俗事物之外另有一個實相存在；

否則，就是把有和空看成是兩樣東西，以空去反對假名有，這正是龍樹所批判的。如他於《觀行品》中云：「大聖說空法，為離諸見故；若復見有空，諸佛所不化。」

中道

在緣起和性空的理論基礎上龍樹提出了中道思想。萬法皆是因緣所生，所以是「空」；既然緣起而生，就不是虛無、什麼都沒有，而是一種「有」；然而，這種「有」沒有不變的自性、一定會壞滅，賦予它的名稱只是語言的方便設施，只是名言概念，所以稱為「假名有」。對於事物的空性和假名有，龍樹亦稱為「中道」，即〈觀四諦品〉所云：

眾因緣生法，我說即是空；亦為是假名，亦是中道義。

印順法師更將中觀與正見畫上等號，其於《中觀論頌講記》云：

中是正確真實，離顛倒戲論而不落空有的二邊。觀體是智慧，觀用是觀察、體悟。以智慧去觀察一切諸法的真實，不觀有無顛倒的「知諸法實相慧」，名為中觀。《阿含經》八正道中的正見（正觀），就是這裡的中觀。正就是中，見就是觀，正見即中觀，是一而二、二而一的。

龍樹在此兼顧假有與性空來說中道，認為只有同時看到事物的性空和假有兩面，才是中道正見。由於事物都是緣起無自性的；因此，基於錯認事物有不變自性而產生的正反兩邊的判斷，如斷常、生滅、一異、來去等，都是錯誤的。這些緣生緣滅的二分法當下就是空的，沒有自性，因而不可以說它是生、是滅，是斷、是常；這正反兩邊都要否定，即不生不滅。

因此，龍樹在《中觀》一開始就標出「八不」，以表明他的中道思想，認為諸佛乃是以此「八不」滅諸般戲論：

不生亦不滅，不常亦不斷；不一亦不異，不來亦不出；

能說是因緣，善滅諸戲論；我稽首禮佛，諸說中第一。

後世許多學派繼承龍樹的思想，並加以開展。龍樹思想的主要繼承者為中觀派，以中觀立宗，以一切法自性空為主要見解；其他主要學派，如瑜伽行唯識學派與如來藏學派，也各自根據自身宗義解釋中觀。中觀學說因此形成大乘佛教重要的探究課題之一。

大智度論

《大智度論》，梵文為Mahāprajñāpāramitāśāstra，或簡稱為《智度論》、《智論》、《大論》、《釋論》，亦譯《摩訶般若釋論》，為論釋《大品般若經》之作。

本論據傳為龍樹所著，鳩摩羅什譯為一百卷。據稱，因漢地人氏喜愛簡潔扼要，故僅全譯論之初品，即前三十四卷；其餘皆擷取其精要，得三分除二，終成百卷。

甚至，漢譯出後，慧遠還是認為譯文「繁穢」，曾加以刪削而成《大智論鈔》二十卷，撮其要旨、詳加闡述，其序謂「其為要也，發軫中衢，啟惑智門，以無當為實，無照為宗。無當則神凝於所趣，無照則智寂於所行。寂以行智，則群邪革慮，是非息焉；神以凝趣，則二諦同軌，玄轍一焉。」然而，《大智論鈔》已失佚，僅餘序文（收入《出三藏記》卷十）。

因為梵文原本沒有流傳下來，目前只有漢譯本；因此，對於本論作者和發現的時間，當代學者間便有著不同看法；印順法師則舉出諸多例證，主張本論為龍樹菩薩所著。

此論亦有多部注疏，尚存者有僧肇《大智度論鈔》八卷、慧影《大智度論疏》二十四卷、僧侃《大智度論疏》十四卷、曇影《大智度論鈔》十五卷等。

卷首所載僧叡之序稱：「是以馬鳴起於正法之餘，龍樹生於像法之末，正餘易弘，故直振其遺風，瑩拂而已；像末多端，故乃寄跡凡夫，示悟物以漸；又假照龍宮，以朗搜玄之慧，托聞幽秘，以窮微言之妙。」其將馬鳴與龍樹之宏法時期作一對照，以呈顯龍樹於像法時期宏法之不易，以及《大智度論》之精微。

《大智度論》主要講述中道實相，以二諦解釋實相之理，發揮般若思想，對《摩訶般若波羅蜜經》作系統解說及論證。全書所援引經典、論書極多，包含原始佛教聖典、部派佛教諸論書，以及初期大乘諸經典。論中亦保存了大量當時流傳於北印度的民間故事和傳說，為研究大乘佛教和古印度文化的重要資料。

以論述方式而言，龍樹的《中論》是以「諸法無自性—諸法皆空」的否定式論述來發揮其中道思想。相對而言，本論則是以「諸法實相」的積極肯定立場，極力闡明大乘菩薩思想及六波羅蜜的實踐法門，並以許多本生故事予以支持；如卷四的尸毘王割肉餵鷹、須陀須摩王不犯禁戒，卷十一的大國王遍割身肉為燈炷供養婆羅門以求佛法、鴿以身投火施捨飢人，卷十二的薩婆達王以身布施婆羅門、月光太子布施血髓濟度癩人、六牙白象舉牙授與獵者、迦頻闍羅鳥教化禽獸，卷十四的羼提仙人、鹿王代鹿母受死、愛法梵志破皮析骨求法、雉滅林火等，皆是以本生故事揭示菩薩道行者之修持。

同時，由於此論所釋的《大品般若經》為當時篇幅最大的一部經，作者並對經中的「性空幻有」等思想有所發揮，故被稱為「論中之王」。龍樹菩薩之所以在中國被尊為「八宗共祖」，主要也是就《大智度論》而言。

本論先舉出法相的各種不同解釋，以此為盡美；最後歸結為無相實相、法性空理，以此為盡善。然而，此論乃是依經而作，畢竟不能完全窮盡義理，龍樹因此又著《中論》、《十二門論》作為補充。

其結構可分成二個部分。前三十四卷為第一部分，是對《大品般若經》初品的釋文，屬全譯本，詳細分析諸多重要概念：一、緣起論；二、如是我聞義；三、婆伽婆義；四、佛住王舍城義；五、摩訶比丘僧義；六、三眾義；七、菩薩義；八、摩訶薩埵義；九、菩薩功德；十、十喻；十一、佛世界願；十二、三昧王三昧；十三、放光；十四、現普身義；十五、十方諸菩薩來義；十六、舍利弗因緣；十七、六度；十八、三三昧，四禪，四無量心，四無色定；十九、八背舍，八勝處，八念，九想，九次第定，十想，十力，十一切處，十一智；二十、四無畏，四無礙智，十八不共法；二十一、六神通，十八空，四緣；二十二、隨喜回向，善根供養，到彼岸；二十三、大慈大悲當習行般若波羅蜜。

《大品般若經》共有九十品，如果按照這一規模譯出，依此推之，全論應有三千卷之多；篇幅之長，令人難以卒讀。

於是，第二部分為六十六卷，是由鳩摩羅什將餘下的八十九品釋文擇要譯出，內容主要是以摩訶般若波羅蜜觀察世、出世間的一切法畢竟空，空不異一切法、一切法不異空，以及闡述大乘菩薩一切智的具體內容和修學方法、次第等。

四種悉檀

龍樹菩薩在本論中特別提出四種悉檀（Siddhānta，有宗義、旨趣、成就等義），來分判「一切十二部經，八萬四千法藏」的不同意旨，亦即佛陀的不同教法。《智論．卷一》云：「有四種悉檀：一者世界悉檀，二者各各為人悉檀，三者對治悉檀，四者第一義悉檀。四悉檀中總攝一切十二部經八萬四千法藏，皆是實相無相違背。」

根據這樣的判攝，一方面可以幫助我們釐清教內各種法門間所存在的差異；另一方面，也可以幫助我們重新思考、確認佛法的真義。四悉檀分別如下——

「世界悉檀」：又稱「樂欲悉檀」，乃是為了適應俗情，以方便誘導人們親近佛法為目標的教法。

「各各為人悉檀」：又稱「生善悉檀」，乃是針對眾生根器不同，隨機說法，以啟發眾生善根，以建立修學佛法信心為目標的教法。

「對治悉檀」：又稱「斷惡悉檀」，乃是為了糾正眾生的某些弊端或消除某種煩惱，以導正為目標的教法。

「第一義悉檀」：又稱「入理悉檀」，直接趣入諸法實相、究竟解脫，顯示佛法真義的教法；此即是緣起中道法，也就是無自性空。

悲智雙運

《大智度論》並強調菩薩道的深觀與廣行，以「大悲心」為菩薩不共二乘行者的根本要素以及諸佛菩薩之根本，如《大智度論．卷二〇》所云：

大悲是一切諸佛菩薩功德之根本，是般若波羅蜜之母，諸佛之祖母，菩薩以大悲心故得般若波羅蜜。

大乘菩薩與二乘行者同樣修習三十七道品等法門，但若如二乘只修空觀而無悲心，則易墮有餘涅槃。然而，菩薩亦並非只生起悲心。菩薩大悲的修學，應不取眾生相，了知法性本空，眾生亦空；故悲不妨空，空不礙悲，悲智雙運。

如《大智度論．卷七九》云：

有二道：一者，悲；二者，空。……二事兼用，雖觀一切空而不捨眾生，雖憐愍眾生不捨一切空。觀一切法空，空亦空，故不著空，是故不妨憐愍眾生。觀憐愍眾生，亦不著眾生，不取眾生相；但憐愍眾生，引導入空。是故，雖行憐愍而不妨空，雖行空亦不取空相故，不妨憐愍心。

菩薩大悲有三種：眾生緣悲、法緣悲、無緣悲；能夠悲智具足，方名無緣大悲。如《大智度論．卷五〇》云：

悲有三種，眾生緣、法緣、無緣；此中說無緣大悲名具足，所謂法性空乃至實相亦空，是名無緣大悲。菩薩深入實相，然後悲念眾生。

由此可見《大智度論》對於生起大悲心以行菩薩道的強調，此亦大乘諸佛菩薩之般若波羅蜜之根本。

十住毗婆沙論

《十住毗婆沙論》，梵文為 Daśabhūmika-vibhāṣā-śāstra，又稱《十住論》、

《十住毗婆沙》，乃是《十住經》（《華嚴經》〈十住品〉）的註釋書。本書的梵文本已失傳，也沒有藏譯本，現存唯有漢譯本，因此學界對於作者亦有不同見解。

相傳，龍樹在龍宮中取出《華嚴經》十萬頌時，為它作了注疏，名為《大不思議論》，也是十萬頌，《十住毗婆沙論》是其中一品。如賢首大師《華嚴經探玄記》云：「龍樹既將下本出，因造大不思議論，亦十萬頌，以釋此經。今時十住毘婆沙論是彼一分，秦朝耶舍三藏頌出譯之，十六卷文才至第二地，餘皆不足。」

漢譯本在姚秦時譯出，由耶舍三藏口誦，鳩摩羅什漢譯，共十六卷；但漢譯本只有《十住經》前二地〈歡喜地、離垢地〉的內容，其他部分沒有被譯出。

全書凡三十五品。第一品〈序品〉乃全書之總論，述菩薩十地的意義及三乘的區別。第二品〈入初地品〉至第二十七品〈略行品〉為初地之注釋，說明初地的內容及菩薩的行願果等。第二十八品〈分別二地業道品〉以下八品論述第二地，開顯菩薩欲至第二地的十方便心（「諸菩薩已具足於初地，欲得第二地，生是十方便心：一直心，二堪用心，三柔軟心，四降伏心，五寂滅心，六真妙心，七不雜心，八不貪心，九廣快心，十大心。」），並闡釋大乘菩薩的十善業道與其重要性。

本論由於被視為不完整的注釋，因此在對於「十地」思想的研究上不太受重視。不過，論中說明阿彌陀佛信仰的〈易行品〉，古來即備受矚目。該品不僅在瞭解龍樹思想上極為重要，同時也是認識淨土思想的形成及其影響的重要論據；尤其論中所揭示的「難行」與「易行」二道，經由北魏淨土宗大師曇鸞援引以後，成為後世淨土宗之根基。

日本淨土宗便因此尊曇鸞為中國淨土宗初祖，與中國於南宋後尊慧遠為淨土宗初祖不同。

參・傳承弟子

精義入神有僧肇、道生，以智禦侮有道融，以辭飾經有僧叡。

在鳩摩羅什參與譯經的弟子中，有所謂「四聖」——即道生、僧肇、道融和僧叡，「八俊」——四聖之外加上道恆、曇影、慧觀、慧嚴，和「十哲」——八俊之外再加入僧契和道標。可說是「輔之者眾」，人才濟濟、各擅勝場，這也是什門一派當時頗盛的重要原因。

以下簡要就「四聖」予以介紹；其中較為重要、亦介紹較多者，則是對後世頗有影響的僧肇及道生。

僧肇——秦人解空第一

僧肇俗姓張，京兆（今陝西省西安市）人氏，生於東晉孝武帝太元九年（西元三八四年），卒於東晉安帝義熙十年（西元四一四年）。

據《高僧傳．僧肇傳》載，他出身寒門，曾以抄書為業，遂因繕寫而遍覽經史典籍。起初志好玄微、醉心莊老，他讀老子《道德經》時曾感嘆：「美則美矣，然棲神冥累之方，猶未盡善也。」後來，讀到舊譯《維摩經》（三國支謙所譯），深感法喜，細讀玩味，乃言：「始知所歸矣。」因此出家。

「解空第一」

僧肇出家之後，學大乘方等，並融通三藏，未滿二十歲已名震京兆，於潼關以西一帶享有盛名。當時有不少好名之徒，懷疑僧肇的才學，甚至千里負糧前來與僧肇辯論。但僧肇才思幽玄，又善辯論，應機挫銳，毫不流滯，使得京兆一帶的宿儒和關外的才俊，都被他的學識和辯才所折服。

東晉隆安二年（西元三九八年），鳩摩羅什被帶至姑臧（今甘肅武威）。

兩年後，僧肇年方十七，便前往姑臧從拜學於什師門下，為什師初期弟子，深獲器重。

什師於姚秦弘始三年（隆安五年）到長安，秦王姚興待以國師之禮，請什師入住西明閣及逍遙園，展開佛教經論的翻譯工作。僧肇負笈相隨，與僧叡法師奉命列席譯場，協助什師勘訂經論。

僧肇追隨什師，修習稟受般若之學，並且執經問難。由於距佛陀時代已遠，致使前人所譯經論文義淆雜難解，前人所解之學理又時有錯謬；因此，當僧肇協助譯出《大品般若經》的次年（弘始七年），僧肇便著作〈般若無知論〉，呈請什師指正；什師極為讚賞，並稱自己的遺辭用字確有不如僧肇之處。

三年後，僧肇再將〈般若無知論〉示廬山隱士劉遺民；劉氏深為推崇，將僧肇著述的成就喻為何晏（魏晉玄學開山人物之一）。其後，劉氏又將此論轉呈慧遠大師，慧遠亦深致讚歎。弘始十二年（西元四一〇年）劉遺民致函僧肇：「去年夏末，見上人〈般若無知論〉才運清俊，旨中沈允；推步聖文，婉然有歸；披味殷勤，不能釋手；真可謂浴心方淵，悟懷絕冥之肆，窮盡精巧，無所間然。」從這幾句話，可以看出劉遺民對僧肇的〈般若無知論〉是極為推崇的。

此外，劉氏多次致書詢問，僧肇也殷勤示覆，一一疏解疑問，使論旨更趨明徹。現存的〈答劉遺民書〉，亦為研究僧肇思想的重要史料。

義熙年間，僧肇又著〈不真空論〉和〈物不遷論〉，為發揮般若性空真義的重要佛學論文，二論均獲什師的高度評價。

此外，什師譯經時，同時宣講經義；僧肇依據自己的領會，將大師所言加以整理，作為譯出經典的注釋。例如，弘始八年（西元四〇六年），什師重譯《維摩詰經》後，僧肇即作《維摩經注》。僧肇亦撰經序，如《維摩》、《長阿含》及《百論》等經論之序文。

什師門下僧侶五千餘眾，僧肇年紀最輕，卻為人中之龍，影響後世極大。由於僧肇擅長般若學，曾講習什師所譯三論（中論、百論、十二門論），而被稱為「法中龍象」。

由於他熟練運用中觀「八不」哲學的論證方法，將世俗一切事物和現象都徹底地去除思惟之執著，確切掌握大乘空宗的基本觀點和方法，並嫻熟方等大乘經典，兼通三藏，才思幽玄，精於談論，被什師歎為奇才，贏得什師「秦人解空第一者，僧肇其人也」的讚譽。

東晉義熙九年（西元四一三年），什師於長安入寂，僧肇為之撰〈鳩摩羅什法師誄〉；為悼念什師，又作〈涅槃無名論〉。論成，上表呈送姚興；姚興十分贊許，並答旨，敕令繕寫〈涅槃無名論〉，分發其子侄研習。

翌年，僧肇於長安圓寂，年僅三十一。另一傳說，其乃是被秦主所殺，並留下一辭世詩云：「四大元無主，五陰本來空；將頭臨白刃，猶似斬春風。」

《肇論》傳世

僧肇著作多種，尤以《肇論》著稱於世。

僧肇之著作，依各經錄記載有十五、六種之多，非常豐富；其中，真能代表其思想並且自成體系的，便是上述提及之〈般若無知論〉、〈不真空論〉、〈物不遷論〉、〈涅槃無名論〉等四篇論文；加上〈答劉遺民書〉及〈宗本義〉，後人將之彙總編成《肇論》一書流行於世。此四篇論文之大意如下——

〈般若無知論〉：

一般人所謂的「知」，乃是執取緣起法之相為實有，而名為「知」。然而，諸法實相不可執取，證得諸法實相之智慧——般若，亦無相可取，與一般世俗所言的「知」不同；因此，般若不可謂「有知」。

總之，其所謂「無知」並非「一無所知」，而是無執著相的攀緣；強言之，乃是一對諸法超然無我、無執無偏之觀照，此乃般若清淨智。

〈物不遷論〉：

若諸法皆是相依緣起的角度來理解，便較容易理解。

因為世間諸法皆是因緣所成的有為法，無永恆不變的自性，所有十方三世有為法的現象，都只是在各自時空點上緣聚而現的一剎那顯現，前一剎那與下一剎那已是不同的事物；只是由於吾人以有一不變、同一之自性去觀察諸法，才會產生事物本身不斷變化的「錯覺」，如本論所云：「旋嵐偃嶽而常靜，江河競注而不流。」

此基於緣起性空所提出的「物不遷」論點，乃是根據《中論》所云之「八不」中道，《法華經》云：「是諸法住法位，世間相常住。」亦是依此理據。須判別的是，「物不遷」思想並不同於古希臘哲學家芝諾（Zeno of Elea）所提出的「飛矢不動」悖論，也有異於中國古代「名家」惠施所言之「飛鳥之景，未嘗動也」之說。

〈不真空論〉：

一般人所認識的「有」和「無」，皆是因緣所生，緣聚而生（有）、緣散則滅（無），沒有恆常不變的自性，因此稱其為「不真」。「空」即「緣起性空」；既然「有」和「無」都是「不真」的，無自性之「空」當然也就可謂為「不真」了，此之謂「不真空」。

〈涅槃無名論〉：

此論所要探究的核心問題在於「涅槃是否能以語言充分說明？」一般人容易執著於「名」、「相」的種種指稱或形容，也常習慣循著「名」、「相」探求其所指涉的事物或實在的「本質」或「實體」。然而，一來由於「涅槃」是指煩惱滅盡、生死解脫的境界，不是指謂某種「實體」，因此難以透過言語去說明它。

再者，「涅槃」也不是一般人肉眼能見、或以智識所能思惟想像的一般經驗，又如何能循著世間名相去理解與說明這樣的境界呢？故言涅槃「無名」。

《肇論》具有完整的哲學思想，對當時玄學所提出的各種問題予以解答，並系統地闡發佛教般若思想，具有極高的理論思辨水準。又由於《肇論》文辭典雅、哲理性強，為中國古代少見的哲學專論，歷來便受到中外學者的研究與重視，目前已譯為英、日等國文字流傳於世。自南朝以後，歷代皆有人為之注疏，其中以南朝陳僧人釋慧達的《肇論疏》時代最早，而唐代釋元康的《肇論疏》內容最詳。

僧肇之前，漢地佛教學人或用中國固有思想比附佛法，成為「格義佛教」；或片面執取佛教某種思想而加以發揮議論，從未建立完整的佛教思想體系。及至僧肇運用大量中國傳統思想，特別是老莊和玄學，並借助什師譯出的大小品《般若經》和「三論」，釐清了對於大乘佛教義理的牽強附會，擺脫佛教依附傳統思想及語彙的窠臼。

僧肇的一生雖然短促，對佛教的發展卻貢獻卓著，中國各大宗派如天台、華嚴和禪宗等，無不深受大乘中觀般若思想的影響；「三論」經僧肇的大力弘揚，得以在中土廣為傳播，為三論宗的創立奠定思想基礎。印順導師便認為，僧肇可視為中國「三論宗」的第二祖，其思想「切近龍樹學的正義」。

竺道生——令頑石點頭

竺道生東晉佛教學者，本姓魏巨鹿（今河北平鄉）人。寓居彭城，官宦世家，幼年跟從竺法汰出家，因此改姓竺。

入道之要，慧解為本

八歲出家後，專心道業，研究經句和妙義，能自得勝解。十五歲時便登講座，宣揚佛法。他析理分明、議論合宜，雖是當代的宿學名士也難以與之論辯。至受具足戒時（二十歲），學養及善於說法的聲譽早已名聞遐邇。其曾隨慧遠大師、僧伽提婆習佛，並至廬山幽棲修行七年。

竺道生認為「入道之要，慧解為本」，因此，他戮力於鑽研佛法，並博覽諸論，萬里求法亦不辭辛勞，後與慧嚴等同游長安，追隨什師受業。關中僧眾只要見過道生的，沒有不欽服他的英才秀傑，因此列於什師門下「四聖」之一。

從《高僧傳》中，沒看到什師對道生有何評語，或許因其與什師較少互動；道生主要是對經義的講述和著疏較多，而非以如其他徒眾以筆受、譯經為主。

然而，道生跟隨什師遊學多年，所以對龍樹和提婆所弘傳的中觀與般若旨要能夠深達玄義，因此體會到語言文字只是詮表真理的工具，不可執著和拘泥。「言能否盡意」乃是魏晉玄學討論的重要問題之一，他亦曾慨歎道：「夫象以盡意，得意則象忘；言以詮理，入理則言息。自經典東流，譯人重阻，多守滯文，鮮見圓義。若忘筌取魚，始可與言道矣！」

於是，他校閱真俗二諦的書籍，研思空有因果的深旨，建立「善不受報」、「頓悟成佛」的理論，又撰寫〈二諦論〉、〈佛性當有論〉、〈法身無色論〉、〈佛無淨土論〉、〈應有緣論〉等多篇作品，一一釐清舊說，闡發般若真義。

然而，這些有異舊說的言論卻引來拘守傳統文義者的不滿與排斥，認為他的學說是「珍怪之辭」。以下舉二例加以說明——

「佛無淨土」：

由法身無色義發展而來。佛的理和教合稱為「法」，佛入滅後以法為身，稱為「法身」。佛的法身是無形相的，並不存在觀念中有人之形相的佛，是謂「法身無色」。

竺道生認為，既然法身無色無形，自然也是無土的，其於《法華經疏》云：「無穢之淨，乃是無土之義。寄土無言，故言淨土。無土之淨，豈非法身之所託哉？」

《法華經疏》並云：「事象方成，累之所得；聖既會理，則纖爾累亡。累亡故豈容有國土者乎？」也就是說，森羅事象均由惑情與繫累所成，聖人（諸佛）體會絕對之真理，而不為絲毫之煩惱所束縛，故無累；既已超越惑情與纏縛（所有煩惱），豈有國土（淨土與穢土）之可言？

至此即道生「佛無淨土」之基本論調，乃基於般若空觀之論點而倡言。至於淨土，則是為了接引及教化眾生的需要；佛自無穢淨可言，但諸眾生根器不同，故諸佛方發願建立淨土以接引眾生。

「善不受報」：

道生以為，修道之人，受薰佛法，洗除雜染，證入清淨之境；體證中觀般若者，並不隨業報所牽引（不「昧」因果而非不「落」因果），道生即依此而倡言「善不受報」。

因此之故，修行之人應捨計算善報之心，不可執著；無算計之心而行，方為真修。報應之事，對道生而言，僅為教人趨善避惡、精進修行而已。

道生在什師門下只待了五、六年左右，就離開長安，回到建業（今南京），住青園寺。

「生公說法，頑石點頭」

道生是涅槃思想的追隨者和積極宣導者，他融匯毗曇學、般若學和涅槃學三者來發揮其涅槃佛性思想，時人稱其為「涅槃聖」。然而，他卻曾經因為孤明先發的見解，而遭逐出僧團。

當北涼曇無讖所譯的四十卷《大般涅槃經》傳到南方以前，東晉安帝義熙十四年（四一八年），已在建康譯出法顯所帶回的六卷《泥洹經》。經文中，多處宣說一切眾生都有佛性，將來都有成佛的可能，唯獨「一闡提」者例外。一闡提（梵語 Icchantika），意為「於涅槃無樂欲」或「信不具」者，亦即指稱斷絕善根的極惡眾生，沒有成佛的菩提種子，就像植物種子已經乾焦一樣，「雖復時雨百千萬劫，不能令生，一闡提輩亦復如是。」

不過，道生對於這種說法是有疑義的。他仔細分析經文，並參酌其他經論，探討更精微的妙法，由此認為：一闡提固然極惡，但也是眾生，並非草木瓦石，因而主張「一闡提亦得成佛」之說。

《法華傳記》裡提及道生：「專志講《法華經》，著義疏二卷，每講肆筵。」他之所以孤明先發地提出「一闡提亦得成佛」一觀點，與他對《法華經》真實思想的解悟或許不無關係；他於《法華經疏》裡即注云：「眾生大悟之分皆成乎佛。」

其說法在當時可謂聞所未聞，引起當時拘泥經義之舊學大眾的擯斥，一致認為他違背佛經原旨、邪說惑眾，更進而把他逐出僧團。

孤掌難鳴的道生，在大眾交相指摘下，黯然離開建康，來到蘇州的虎丘山。傳說，他曾聚石為徒，宣說《涅槃經》；當他講解「一闡提」的經句時，就言「一闡提也有佛性」；神奇的是，眾石頭竟然都點起頭來。這就是流傳千載「生公說法，頑石點頭」的佳話。

論及竺道生「一闡提亦能成佛」之「佛性論」，當代學者大多將此與孟子之「性善」說關聯起來，認為竺道生之所以徹底主張「一切眾生皆有佛性」的命題，乃是受到孟子「性善論」的啟發。

不過，竺道生提出其佛性論的理路，若與孟子「性善說」相較，不僅內容有其差異，「成聖」或「成佛」的根據及修習方法也大不相同。換言之，若要將竺道生與孟子相提並論，欲會通兩者之「佛性論」與「性善說」，需要相當仔細地分判、斟酌。

當道生被逐出僧團時，曾對眾人發誓：如果他「一闡提亦得成佛」的主張契合佛心，就會在說法座上往生。當曇無讖所譯之《大般涅槃經》傳來，經中有「一闡提皆有佛性」之說，便證明其主張無誤。

南朝劉宋元嘉十一年（四三四年），他在廬山精舍講《涅槃經》，果然如其預言：「升法座，論義數番，觀聽者莫不怡悅。忽見麈尾紛然墜地，端坐整容，隱几而化，壽八十。生有疏論，世皆寶焉。」

僧叡——四海之標領

「什門四聖」中另一位甚為傑出者為僧叡。少時便有出塵之志，十八歲剃髮，依僧賢為師，二十歲即博通經論。僧叡曾聽僧朗法師講《放光般若經》，因屢屢提出質難，而頗為僧朗所器重。

二十四歲，遊歷諸國講說，聽者成群。因根據其自述推論，其與道安亦頗有師之誼；因此，或許於其雲遊參訪之際，得遇道安，而以之為師。

僧叡常感慨禪法未傳。姚秦弘始三年（四〇一年）十二月什師至長安，他即隨向什師修習禪法，並請閱《禪法要解經》，日夜修習，精練不怠。司徒姚嵩深相禮敬，秦主姚興亦稱其才器：「乃四海之標領，何獨鄴衛之松柏！」僧叡因此揚名。

姚興推薦他助什師譯經；以僧叡之學識與才華，不只是筆授，且譯經時常能給什師適切的建議。例如，翻譯《妙法蓮華經》時，參考竺法護翻譯的舊版

《正法華經》；其在受決品（即受記品）裡，有句「天見人人見天」，什師認為此語和西域的意義同，但過於直譯，漢人恐難以理解；僧叡便稱，可代之以「人天交接，兩得相見」，此句甚得什師讚歎。難怪《古今譯經圖紀．卷三》說僧叡：「神情鑒徹，傲岸出群；應機領會，鮮有其匹。」

姚秦弘始十四年（四一二年），什師譯完《成實論》，便交由僧叡宣講。什師並指出，《成實論》中有七處破小乘阿毗曇，問他能否辨別，僧叡便將此七處一一舉出，讓什師大感傳譯的經論有其知音，了無遺憾：「吾傳譯經論，得與子相值，真無所恨矣。」對僧叡評價之高，無庸贅言。而成實宗可在漢地興起，僧叡亦是一傳法大將。

什師圓寂後，僧叡入廬山蓮社，皈依慧遠大師修淨土，並於烏衣寺講經說法。因奉行淨土法門，因此平生「善攝威儀，弘讚經法，常迴此諸業，願生安養；每行住坐臥，不敢正背西方。」

劉宋文帝元嘉十六年（西元四三九年），他自知壽命將盡，乃集僧告別：

「平生誓願，願生西方，如叡所見，或當得往，未知定免狐疑城不？但身口意業，或相違犯，願施以大慈，為永劫法朋也。」說完便入房洗浴，焚香禮拜，向西合掌而逝。當天，僧眾均見五色香雲由其僧房冉然而升，足證僧叡已得往生淨土。時年六十七歲。

與什師譯畢經論之後，僧叡著有多篇序文，包括〈小品經序〉、〈法華經後序〉、〈大智度論序〉、〈中論序〉、〈十二門論序〉、〈思益經序〉、〈毘摩羅詰提經義疏序〉、〈自在王經後序〉、〈關中出禪經序〉（以上現存）、〈成實論序〉、〈百論序〉、〈思益經義疏序〉（以上散佚）等序，學者可從中窺知僧叡之思想。

道融——以智禦侮

道融為汲郡林慮（河南汲縣）人。十二歲出家，初學外典；及三十歲，方窮究內外經書。什師入關後，師前往拜見，什師對其才識甚為看重。道融亦受姚興之命，參與什師之譯場。

什師譯經、弘法在長安大有所成，道融實是一大支柱，他也因此得到什師的讚揚，認為道融可振興佛法，並向後秦皇帝姚興讚揚道融：「聰明釋子」。據《隆興編年通論．卷三》之記載，其對「四聖」之特色予以區分：「精義入神有僧肇、道生，以智禦侮有道融，以辭飾經有僧叡。」由此可見四聖各自之風範。而道融之「以智禦侮」，則源於其與婆羅門外道之辯論。

當時，有一來自師子國（今斯里蘭卡）的婆羅門，自恃學識廣博，到長安下戰書，要求辯論，並告知秦主姚興，勝者方可在關中傳布其教義；或許因為不知對手虛實，也或許自身智識不足，關中僧眾不敢站出來相抗衡。

什師便希望道融為眾僧大轉法輪，鼓勵他出來迎戰。什師對道融說，如果外道得勝，佛法就會像車軸被打斷，法輪便不得轉，難道可以無動於衷嗎？道融於是積極備戰，還將婆羅門讀過的書目找來，讀了一遍就可以背誦。

辯論舉行當天，姚興率大臣及關中僧眾皆聚集與會。道融與婆羅門互相擬題問答；道融辭鋒如劍，答辯流利，反應敏捷，說理玄奧，為婆羅門所不及。婆羅門自知理屈詞窮，想扳回敗勢，便轉而炫耀自己讀書之廣博；道融半一一列出他讀過的書，並將自己讀過的中土經書、史書等列表給他，這些書的數量足足是婆羅門所讀書量的三倍。

婆羅門心生慚愧，便跪伏頂禮道融之足，此一論戰便由道融勝出。

在魏晉乃至於隋唐時期的佛教，幾乎所有高僧都有同樣的過程；在印度及西域修習及傳布佛法時，辯經是必要的考驗；什師如此，其弟子如此，唐代的玄奘亦是如此。

不僅辯論，道融講經也是一絕。據載：「什譯《中論》二卷，融便能講之。什又使講新《法華經》，而自聽其判析曰：『大法之興，正賴此子也。』」博聞強記、辯才無礙，又能講經說法，無怪乎什師對他青眼有加。

據傳，道融後來到彭城（徐州）講授經教，登壇說法，聽者常有數百人，但生性不喜喧鬧以及與人過於親近，習於獨處讀書，因此很少人識得他的長相。於七十四歲時往生，遺著有《法華大品》、《維摩義疏》、《金光明十地品義》等若干卷。

據研究，中國最早的石窟造像，是甘肅永靖炳靈寺一六九窟，道融的題名在一六九窟中出現兩次：一在東壁的千佛像，一在北壁的阿彌陀佛龕；北壁龕的建弘元年（四二〇年）題記，正好緊接在四一八年大夏赫連勃勃攻破長安；長安僧團四散之後，道融或許是由長安避難到蘭州永靖炳靈寺的。

由此推論，道融到彭城前應是先到永靖炳靈寺避難；在阿彌陀佛龕的題名也顯示，道融亦應對淨土法門有所修持。

附錄

鳩摩羅什年譜

什師歲數 — 西元 — 晉朝帝號、年號 — 五胡十六國年號

一歲　三四四　晉康帝建元二年　後趙石虎建武十年

・鳩摩羅什生。

二歲　三四五　晉穆帝永和元年　後趙石虎建武十一年

・什師母出家修道，學得初果。

七歲　三五〇　晉穆帝永和六年　後趙石祗永甯元年

・什師出家，從師受經。

九歲　三五二　晉穆帝永和八年　前秦苻健皇始二年

・什師至罽賓，師從槃頭達多。與外道論師共相攻難，外道折服，王禮敬之。

十二歲

三五五　晉穆帝永和十一年　前秦苻生壽光元年

• 什師隨母還龜茲，至月氏北山。
• 佛陀耶舍約於本年或之前至沙勒國，什師從之受學《十誦律》。

十三歲

三五六　晉穆帝永和十二年　前秦苻生壽光二年

• 什師博覽經書，備達其妙。沙勒國王設大會，請什升座説《轉法輪經》。

十四歲

三五七　晉穆帝升平元年　前秦苻堅永興元年

• 什師向莎車王子須耶利蘇摩學大乘經論。
• 什師由小乘轉而修習大乘當在沙勒國時。
• 什師約於本年或稍後至溫宿國。

十五歲

三五八　晉穆帝升平二年　前秦苻堅永興二年

• 什師與溫宿道士論辯，聲滿葱左，譽宣河外。龜茲王親往溫宿，迎什還國。

二十歲　三六三　晉哀帝興甯元年　前秦苻堅甘露五年

・什師受戒於龜茲王宮，從卑摩羅叉學《十誦律》。

・什師母辭往天竺。什師留住龜茲，止於新寺。

二十一歲　三六四　晉哀帝興寧二年　前秦苻堅甘露六年

・什師於龜茲新寺側故宮中，初得《放光般若經》。

二十二歲　三六五　晉哀帝興寧三年　前秦苻堅建元元年

・什師在新寺廣誦大乘經論，深達其奧祕。

二十三歲　三六六　晉廢帝太和元年　前秦苻堅建元二年

・龜茲王為什師造金獅子座，以大秦錦褥鋪之，令什升而說法。

・什師之師槃頭達多前來，什與師講說大乘精要，往復經一月餘，達多方信服大乘義理。

三十四歲　三七七　晉孝武帝太元二年　前秦苻堅建元十三年

• 苻堅遣使西域求什師至長安。

四十歲

三八三　晉孝武帝太元八年　前秦苻堅建元十九年

• 正月，苻堅以驍騎將軍呂光帥兵伐西域，以求什師。

• 呂光軍未至，什師請龜茲王勿抗其鋒。

四十一歲

三八四　晉孝武帝太元九年　前秦苻堅建元二十年

• 龜茲王求救於沙勒，沙勒王率兵赴之，使佛陀耶舍留輔太子，委以後事。

• 呂光逼什師妻以龜茲王女，什師拒而不受；光乃飲以醇酒，同閉密室，什因此破戒。

• 耶舍聞什師為呂光所執，乃歎曰：「我與什師相遇雖久，未盡懷抱；共忽羈虜，相見何期。」

四十二歲

三八五　晉孝武帝太元十年　前秦苻堅建元二十一年

• 呂光以龜茲饒樂，欲留居之，什師謂光曰：「此凶亡之地，不足留也；將軍但東歸，中道自有福地可居。」

• 什師至涼州。

四十三歲

三八六　晉孝武帝太元十一年　後秦姚萇建初元年

• 呂光太安元年正月，姑臧大風，什師曰：「不祥之風，當有奸叛，然不勞自定也。」之後，梁謙、彭晃果然相繼反叛。（《高僧傳》）

五十四歲

三九七　晉安帝隆安元年　後秦姚興皇初四年

• 呂纂將討蒙遜、段業，呂光以訪什師，什曰：「觀察此行，未見其利。」呂纂果嘗敗績。

五十六歲

三九九　晉安帝隆安三年　後秦姚興弘始元年

• 呂光中書監張資病，外國道人羅叉云能療資疾；什師以術試叉，乃知其誑詐。

• 僧肇或於本年至姑臧，從什師為師。

五十七歲

四〇〇　晉安帝隆安四年　　後秦姚興弘始二年

・涼州有豬生子，一身三頭；龍出東廂，比旦失之，呂纂以為美瑞。什師奏纂，以為災異，必有下人謀上之變，纂卻不採納。

・耶舍約於本年至龜茲弘法，什師在姑臧遣信邀之。

五十八歲

四〇一　晉安帝隆安五年　　後秦姚興弘始三年

・呂纂與什師下棋，纂殺什師子，並曰：「斫胡奴頭。」什曰：「不能斫胡奴頭，胡奴斫人頭。」胡奴，呂超小字。不久，超果殺呂纂。

・十二月，什師至長安，僧肇隨返。

・佛陀耶舍尋什師，行達姑臧，然什已入長安。

・僧叡從什師受禪法。

五十九歲

四〇二　晉安帝元興元年　　後秦姚興弘始四年

・什師與弟子於逍遙園內西明閣及譯出眾經。

・二月八日，譯《阿彌陀經》一卷。

・三月五日，譯《賢劫經》七卷。

・譯《彌勒成佛經》一卷。

・夏，於逍遙園始譯《大智度論》。

・十二月一日於逍遙園譯出《思益經》四卷，於時咨悟之僧二千餘人。

・慧遠約於本年遺書什師通好；什師答書致意，慧遠重與什師書。

六十歲

四〇三　晉安帝元興二年　後秦弘始五年

・四月二十三日，什師於逍遙園始譯《大品經》，至其年十二月十五日出盡。

六十一歲

四〇四　晉安帝元興三年　後秦姚興弘始六年

・四月，鳩摩什師等檢校《大品經》訖。

・後秦安成侯姚嵩請什師更譯《百論經》。

・僧肇約於本年作〈般若無知論〉。什師讀之稱善，謂肇曰：「吾解不謝子，辭當相挹。」

六十二歲

四〇五　晉安帝義熙元年　後秦姚興弘始七年

• 六月十二日，什師譯訖《佛藏經》三卷。是年，又譯出《菩薩藏經》三卷、《稱揚諸佛功德經》二卷。
• 十月，什師譯出《雜譬喻經》一卷。
• 十二月二十七日，什師譯訖《大智度論》、《釋論》。
• 竺道生、釋慧觀等或於本年由廬山入北至關中，從什師受業。
• 慧遠約於本年撰成《法性論》。什師見論而歎曰：「邊國人未有經，便闇與理合，豈不妙哉！」

六十三歲

四〇六　晉安帝義熙二年　後秦姚興弘始八年

• 後秦主姚興以妓女十人逼令什師受之。（《高僧傳》）
• 佛陀耶舍在姑臧，聞姚興以妓女逼什師受之，歎曰：「什如好綿，何可使入棘林中？」不久，耶舍入長安。
• 什師與佛陀耶舍共譯《十住經》。
• 卑摩羅叉於本年從龜茲至關中，什師以師禮敬待。

六十四歲

四〇七　晉安帝義熙三年　　後秦姚興弘始九年

・閏月五日，什師重訂《禪法要經》，僧叡作序。

・什師、僧叡等於後秦常山公姚顯第譯出《自在王經》二卷。

六十五歲

四〇八　晉安帝義熙四年　　後秦姚興弘始十年

・二月六日，什師重譯《小品般若經》十卷，至四月三十日校定畢。

・什師譯《十二門論》一卷。

・夏末，竺道生自長安南歸經廬山，以僧肇〈般若無知論〉示慧遠、劉遺民，大獲讚賞。

・支法領從西域求經還長安。

六十六歲

四〇九　晉安帝義熙五年　　後秦姚興弘始十一年

・什師在大寺譯《中論》四卷，僧叡、曇影各有序。

・道融講析《中論》、新《法華經》，為什師讚歎。

六十七歲　四一〇　晉安帝義熙六年　後秦姚興弘始十二年

・慧遠弟子支法領從西域還，得《方等》新經二百餘部，什師於長安大寺譯出新至諸經。

六十八歲　四一一　晉安帝義熙七年　後秦姚興弘始十三年

・姚顯請譯出《成實論》；什師手執胡本，口自傳譯，曇晷筆受。

六十九歲　四一二　晉安帝義熙八年　後秦姚興弘始十四年

・九月十五日，什師譯畢《成實論》。

・僧叡尚未請教什師，卻能闡發新譯《成實論》之幽微，大為什所讚歎。

七十歲　四一三　晉安帝義熙九年　後秦姚興弘始十五年

・四月十三日，什師卒於長安大寺，時年七十。

參考資料（依作者姓名筆畫排序）

【專書】

中村瑞隆著，心靈雅集編譯組譯，《眞實之道——法華經》，大展出版社。

方東美，《中國大乘佛學》，黎明文化事業公司。

木村泰賢著，釋演培譯，《大乘佛教思想論》，天華出版公司。

平田精耕著，心靈雅集編譯組譯，《一切皆空——般若心經＋金剛經》，大展出版社。

玉城康四郎主編，許洋主譯，《佛教思想（二）．在中國的開展》，幼獅文化事業公司。

瓜生津隆眞等著，許洋主等譯，《中觀與空義．世界佛學名著譯叢六二》，華宇出版社。

宇井伯壽著，李世傑譯，《中國佛教史》，協志工業叢書。

吳汝鈞，《龍樹中論的哲學解讀》，臺灣商務印書館。

呂澂，《中國佛學思想概論》，天華出版公司。

李潤生，《僧肇》，東大圖書公司。

桂紹隆、馬克．西德里茨（Mark Siderits）著，方怡蓉譯，《中觀：解讀龍樹菩薩「中論」二十七道題》，橡實文化。
張曼濤主編，《中國佛教的特質與宗派．現代佛教學術叢刊．冊三一》，大乘文化出版社。
——《中觀思想論集．現代佛教學術叢刊．冊四六》，大乘文化出版社。
——《般若思想研究．現代佛教學術叢刊．冊四五》，大乘文化出版社。
梁啓超，《佛學研究十八篇》，上海古籍出版社。
梶山一等著，許世傑譯，《中觀思想．世界佛學名著譯叢六三》，華宇出版社。
梶山雄一等著，許洋主譯，《般若思想》，法爾出版社。
梶山雄一著，臧世俊譯，《空的智慧——般若經的現代詮釋》，圓明出版社。
——釋依馨譯，《空入門》，佛光出版社。
陳沛然，《佛家哲理通析》，東大圖書公司。
——《竺道生》，東大圖書公司。
湯用彤，《隋唐五代佛教史》，慧炬出版社。
黃懺華，《佛教各宗大綱》，天華出版公司。
黃懺華編，《佛學概論》，佛教出版社。
楊惠南，《吉藏》，東大圖書公司。

——《佛教思想發展史論》，東大圖書公司。
——《龍樹與中觀哲學》，東大圖書公司。
萬金川，《中觀思想講錄》，香光書鄉出版社。
熊琬，《高僧傳》，時報文化出版公司。
增谷文雄著，心靈雅集編譯組譯，《根本佛教與大乘佛教》，大展出版社。
凝然著，鎌田茂雄日譯、關世謙中譯，《八宗綱要》，佛光出版社。
穆帝（Murti,T.R.V.）著，藍吉富譯，《中觀哲學‧世界佛學名著譯叢六四》，華宇出版社。
釋印順，《中觀論頌講記》，正聞出版社。
——《以佛法研究佛法》，正聞出版社。
——《初期大乘佛教之起源與發展》，正聞出版社。
——《性空學探源》，正聞出版社。
——《空之探究》，正聞出版社。
——《般若經講記》，正聞出版社。
釋演培，《佛教的緣起觀》，天華出版公司。
龔斌，《鳩摩羅什傳》，上海古籍出版社。

【其他】

蔡纓勳，〈《高僧傳》中的文學史料〉，收入《圓光佛學學報》，一九九三年十二月，頁二四一至二五一。
慈怡主編，《佛光大辭典》，佛光文化事業公司。
藍吉富主編，《中華佛教百科全書》，中華佛教百科文獻基金會。
百度百科
維基百科
認識佛陀教育網
中華百科全書（網路版）

國家圖書館出版品預行編目(CIP)資料

鳩摩羅什：七佛譯經師／賴志銘編撰 — 初版
臺北市：經典雜誌，慈濟傳播人文志業基金會，2018.12
400 面；15×21 公分 —（高僧傳）
ISBN 978-986-96609-9-0（精裝）
1.(晉) 鳩摩羅什 2. 佛教傳記
229.33　　107019563

鳩摩羅什——七佛譯經師

創 辦 人／釋證嚴

編 撰 者／賴志銘
主編暨責任編輯／賴志銘
行政編輯／涂慶鐘
美術指導／邱宇陞
插圖繪者／羅宇均

發 行 人／王端正
合心精進長／姚仁祿
傳 播 長／王志宏
平面內容創作中心總監／王慧萍

內頁排版／尚璟設計整合行銷有限公司
出 版 者／經典雜誌
慈濟傳播人文志業基金會
112019臺北市北投區立德路2號
客服專線／（02）28989991
傳真專線／（02）28989993
劃撥帳號／19924552　戶名／經典雜誌
印 製／新豪華製版印刷股份有限公司
經 商 商／聯合發行股份有限公司
231028新北市新店區寶橋路235巷6弄6號2樓
（02）29178022
出版日期／2018年12月初版一刷
2021年12月初版六刷
定 價／新臺幣380元